Kurt Finke

Wir machen eine Theater-AG

Ein Arbeitsbuch für die Schulpraxis

Mit einem Beitrag über das fremdsprachliche Spiel von Carola Finke

Deutscher Theaterverlag

3., erweiterte Auflage 1990

Grafische Gestaltung: Geching-Design
Druck und Verarbeitung: Druckerei Otto KG, Heppenheim
Printed in Germany
ISBN 3-7695-0141-1

Liebe Frau Kollegin, lieber Herr Kollege,

ich weiß nicht, wie Sie zu Ihrer Theater-AG gekommen sind oder noch kommen werden. Dafür gibt es ja allerlei Anlässe. Vielleicht kam der Wunsch nach dem Theaterspielen aus der Schülerschaft, vielleicht sehen irgendwelche Richtlinien oder Bildungspläne eine solche Arbeitsgemeinschaft vor, vielleicht aber meinte auch die Konferenz oder die hochwohllöbliche Schulleitung, daß es endlich an der Zeit sei, an Ihrer Schule eine Spielgruppe aufzubauen oder die seit einigen Jahren ruhende Spielarbeit neu zu beleben: »Wir müssen unbedingt wieder einmal einen Elternabend mit einer schönen Aufführung veranstalten!«
Und dann suchte man jemand, der bereit war, das Unternehmen durchzuführen. Ich weigere mich, von einem ›Dummen‹ zu sprechen, denn dafür halte ich eine Theater-AG im Schulleben doch für zu wichtig!
Vielleicht haben Sie schon entsprechende Erfahrungen mit dem Schulspiel, und das Ja zu dem Vorhaben fiel Ihnen deshalb nicht schwer. Dann können Sie über manches, was hier folgt, schnell hinweglesen und sich nur die für Sie interessanten Anregungen herauspicken. – Möglicherweise hätten Sie Spaß an der Sache, verfügen aber nicht über die nötige Spielleiterpraxis. Und endlich ist ja wohl auch nicht auszuschließen, daß man Sie in diese Aufgabe hineingedrängt hat, weil man keine(n) andere(n) fand: »Übernehmen Sie bitte die Arbeitsgemeinschaft, weil Sie Deutsch (oder Musik oder Sozial- bzw. Gemeinschaftskunde bzw. Politische Bildung oder Kunsterziehung usw.) als Fach haben – weil bei Ihnen noch zwei Wochenstunden frei sind« – und welche Gründe es auch immer geben mag. Wie dem aber auch sei: Jetzt haben Sie die Arbeitsgemeinschaft, und nun wollen Sie auch etwas Vernünftiges daraus machen.

Dieser Band will Ihnen dafür praktische Hilfen anbieten und Ihnen Mut zum Anfang wie zum Durchhalten machen. Ich weiß, daß die Voraussetzungen für die Spielarbeit im heutigen Schulalltag meist alles andere als günstig sind. Daß eine homogene Spielgruppe aus einer Klasse oder aus Parallelklassen zustandekommt, dürfte ein seltener Glücksfall sein. Wahrscheinlicher ist wohl eine zusammengewürfelte Schar von Jungen und Mädchen aus verschiedenen Klassen und Jahrgängen, etwa von Zwölf- bis Sechzehnjährigen.

Bei meinen Vorschlägen gehe ich zunächst einmal von einem *Halbjahreslehrgang* für eine heterogene Schülergruppe aus, die nicht über Spielerfahrungen verfügt. Ist die Ausgangslage in Ihrem Falle günstiger, dann um so besser. – Ich nehme ferner an, daß für die AG im Schulhalbjahr etwa *18 Doppelstunden* (wahrscheinlich eine wöchentlich in einer 5. und 6. Stunde) zur Verfügung stehen. Gibt es mehr Zeit dafür, wäre das fast ein Wunder, steht nur eine Wochenstunde zur Verfügung, müßte der Halbjahresplan wohl oder übel auf ein ganzes Schuljahr verteilt werden. Fallen einige der vorgesehenen Doppelstunden innerschulischen Gründen oder Feiertagen zum Opfer, läßt sich etwas an den »Wunschprogrammen« (4., 8., 12. Doppelstunde) einsparen. Natürlich sind auch die einzelnen spielerischen Vorübungen austauschbar.

Betrachten Sie also bitte auf keinen Fall den folgenden Halbjahresplan als eine unbedingte Wahrheit, an der nicht gerüttelt werden darf. Dieser Leitfaden will alles andere für Sie sein als ein lästiges »Korsett«. Nehmen Sie sich bitte die Freiheit, die angebotenen Hilfen zu akzeptieren oder auch manches entsprechend den Realitäten, mit denen Sie fertig werden müssen, umzuinstrumentieren.

Und wenn Sie dann nach einem halben Jahr noch nicht den Spaß an der Sache verloren haben – was ich sehr hoffen möchte –, Ihre

Gruppe gern weitermachen will und die schulischen Voraussetzungen noch gegeben sind – was nicht minder erstrebenswert wäre –, dann finden Sie hier ein *Alternativprogramm:* die Vertiefung und Erweiterung des Arbeitsplans für das erste Halbjahr oder aber die Einstudierung eines Textspiels. Auch das sind natürlich wieder nur Vorschläge, Versuche einer wohlgemeinten Hilfestellung für Sie und Ihre Gruppe. Vielleicht gelingt es Ihnen und Ihren Jungen und Mädchen mit der Zeit sogar, die Theater-AG zu einer festen Einrichtung an Ihrer Schule werden zu lassen. Das wünscht Ihnen
Ihr
Kurt Finke

Zur 3. (erweiterten) Auflage

An dem auf breite Zustimmung gestoßenen Gesamtkonzept unseres Arbeitsbuches wurde unverändert festgehalten. Bei den Vorschlägen für das *Zweite Halbjahresvorhaben* ergänzten wir den Abschnitt über die *Spielimprovisationen* und erweiterten das Kapitel über die *Gestaltung eines vorgegebenen Textes* wesentlich. Hinzu kam noch ein Beitrag zum *Freilichtspiel.* Für die Kolleginnen und Kollegen, die sich mit den verschiedenen *Möglichkeiten des fremdsprachlichen Spiels* befassen wollen, bringen wir – zahlreichen Wünschen entsprechend – im ANHANG eine ausführliche Abhandlung zu diesem Bereich.
Kurt Finke

Das erste Halbjahresvorhaben

Gesellige Vorübungen: 8 Doppelstunden

Die 1. Doppelstunde – In fröhlicher Runde

Wir wollen unsere Theater-AG ohne große programmatische Erklärungen beginnen, wie wir uns überhaupt bei dieser und den folgenden Zusammenkünften bemühen, alles Theoretische möglichst draußen vor der Klassentür zu lassen. Als oberstes (aber nicht zu »verkündendes«) Gebot gilt, bei unseren Jungen und Mädchen die Freude am Dabeisein und am Mitmachen und schließlich auch ihre Kreativität zu wecken.
Dazu fangen wir mit einfachen geselligen Spielen an. Wir stellen unsere Stühle im Kreis und nehmen zwanglos Platz. Wenn wir uns alle schon kennen, können wir gleich mit dem ersten Spiel beginnen. Sind sich aber einige AG-Teilnehmer noch fremd, müssen wir uns natürlich erst miteinander bekanntmachen.

»Das ist Peter Müller ...«

Um schon bei der Vorstellung alle zu aktivieren, wird jeder AG-Teilnehmer von seinem Nachbarn zur Linken (der AG-Leiter eingeschlossen) vorgestellt. (Wenn wir hier und im folgenden von dem AG-Teilnehmer und dem AG-Leiter sprechen, sind selbstverständlich die AG-Teilnehmerin und die AG-Leiterin ebenfalls angesprochen.) Dazu erhalten alle in der Runde einige Minuten Zeit, ihren rechten Nachbarn zu befragen und sich vom linken interviewen zu lassen. Vielleicht fängt dann der AG-Leiter an: »Das ist Peter Müller, er ist 14 Jahre alt und besucht die Klasse ... Er wohnt ... Sein Hobby ist ... Er liest gern ... Er hört am liebsten ...« und so weiter.

Stuhlspiele

Nach dieser geistigen Tätigkeit tut ein wenig Bewegung gut. Und weil wir gerade so schön im Kreis sitzen, bieten sich hierfür zwei oder drei Stuhlspiele an:

Kreisrutschen

Der Spielleiter (AG-Leiter) tritt in die Mitte und gibt seinen Stuhl frei. Auf sein Kommando »Los!« rutscht die ganze Gesellschaft nach rechts von Stuhl zu Stuhl im Kreis herum. Der Spielleiter versucht, einen gerade freien Stuhl zu besetzen (Täuschungsmanöver sind erlaubt!). Gelingt ihm das, wird sein Nachbar zur Linken, der nicht schnell genug nach rechts gerutscht ist, zum neuen Spielleiter und geht in die Mitte. Man kann zur Abwechslung natürlich auch nach links rutschen lassen.

Lastträger suchen

Ein Stuhl wird aus dem Kreis herausgenommen und einer der Spieler zum »Lastträger« (freiwillig oder durch Los). Er wandert mit seiner Schultasche auf dem Rücken im Kreis herum. Währenddessen müssen die Mitspieler hinter seinem Rücken möglichst oft ihre Plätze tauschen. Der Lastträger versucht, einen der dabei freigewordenen Stühle schnell mit seiner Traglast zu belegen. Schafft er das, darf er sich setzen. Der übriggebliebene Spieler übernimmt die »Last« und wird zu seinem Nachfolger.

Platzjagd
Jetzt werden die Stühle mit den Sitzflächen nach außen gestellt, zwei weniger, als Spieler da sind. Zu flotter Marschmusik (Recorder) marschieren die Spieler paarweise um den Stuhlkreis herum. Wenn die Musik plötzlich abbricht, müssen die Paare versuchen, zwei zusammenstehende leere Stühle zu erwischen. Sie dürfen sich auf keinen Fall trennen. Die beiden Spieler, die übrigbleiben, scheiden aus. Vor jeder weiteren Runde wird der Stuhlkreis um zwei Stühle verkleinert. Zuletzt bleibt das Siegerpaar übrig.

Sprechspiele

War bei den Stuhlspielen der ganze Körper gefordert, geht es jetzt um gut geschmierte Sprechwerkzeuge und um schnelles »Schalten«.

Flüsterrunde
Wir sitzen wieder im Kreis. Der Spieler flüstert seinem Nachbarn zur Rechten schnell einen Satz ins Ohr. Der muß ihn sofort so nach rechts weiterflüstern, wie er ihn verstanden hat (Rückfragen sind nicht gestattet!). Wenn der Satz einmal den Kreis umwandert hat, verkündet der letzte Spieler das Ergebnis. Was mag aus dem Ausgangssatz wohl geworden sein?
Wir können die Sache auch noch komplizierter machen, indem der jeweilige Spielleiter (er wechselt von Runde zu Runde) seinen Satz mit einem »Zungenbrecher« verbindet (zum Beispiel »Potsdamer Postkutschenkutscher...« oder »Konstantinopolitanischer Dudelsackpfeifenmachergeselle...«).

Von A bis Z

Der Spielleiter nennt ein zweisilbiges Wort mit einem Vokal am Anfang (zum Beispiel Affe, Ekel, Inge, Ofen, Ufer). Dann wandert das Wort schnell im Kreis herum, wobei jeder Spieler in der Reihenfolge des Alphabets einen Buchstaben davorsetzt (zum Beispiel bei Ufer = *A*ufer, *B*ufer, *C*ufer, *D*ufer...). Nach Zufer nennt der nächste Spieler ein neues Wort. Wer mit dem Abc durcheinanderkommt oder steckenbleibt, scheidet aus, steht auf und tritt hinter seinen Stuhl.

*K*auder*w*elsch-*W*auder*k*elsch

Reihherum nennt der eine Spieler ein zusammengesetztes Wort mit vertauschten Anfangsbuchstaben (zum Beispiel *Z*ehrer*l*immer, *B*uß*f*all, *F*lumen*b*enster), der nächste übersetzt es in unsere Umgangssprache (*L*ehrer*z*immer, *F*uß*b*all, *B*lumen*f*enster). Wer sich verhaspelt, scheidet aus, steht auf und tritt hinter seinen Stuhl.

Musikantengeschichte

Zur Abwechslung können wir einen »Zungenbrecher« auch einmal gemeinsam singen, zum Beispiel das Lied von den »Kontrabaß-Chinesen«[1]):

Text und Melodie
mündlich verbreitet

Alle Vokale oder Diphthonge werden bei jeder Strophe durch nur einen Vokal oder Diphthong ersetzt, zum Beispiel »Dro Chonoson mot dom Kontroboß soßon of dor Stroßo *und* orzohltn soch wos. Kom do Polozo, *jo* wos os donn dos? Dro Chonoson mot dom Kontroboß.« Und so weiter.

Ratespiel

Zum Abschluß wollen wir das »Köpfchen« noch etwas stärker strapazieren:

Teekessel

Das gute alte Teekesselspiel wird sicher manchem bekannt sein. Woher sein Name stammt, wissen wir nicht. Ein »Teekessel« ist ein Wort mit mindestens zwei Bedeutungen (zum Beispiel Bock = 1. Reh- oder Ziegenbock und 2. Turngerät).
Zwei Spieler gehen vor die Tür und einigen sich auf ein Teekesselwort. Dann treten sie vor den Kreis und umschreiben abwechselnd ihren Teekessel, zum Beispiel (Reh-)Bock.
Erster Spieler: Mein Teekessel ist ein Tier.
Zweiter Spieler: Mein Teekessel ist ein großes Gerät.
Erster Spieler: Mein Teekessel ist braun.
Zweiter Spieler: Mein Teekessel ist ebenfalls braun ... usw.
Die Zuhörer dürfen raten, ohne zu fragen. Die beiden Sprecher müssen flexibel reagieren und langsam in ihren Aussagen deutlicher werden. Zum Beispiel:
Erster Spieler: Meinen Teekessel schätzen die Jäger.
Zweiter Spieler: Meinen Teekessel schätzen die Sportler ... usw.
Ist der Teekessel geraten, darf sich der Spieler, der die Lösung zuerst gefunden hat, einen Partner wählen und mit diesem zusammen einen neuen Teekessel vorstellen.
Es gibt auch Teekessel mit drei- und mehrfacher Bedeutung (zum Beispiel Läufer = 1. Sportler, 2. schmaler Teppich,

3. Schachfigur, 4. junges Schwein). Man kann also das Spiel schwieriger werden lassen. Bei dreiteiligen Teekesseln braucht man natürlich drei, bei vierteiligen vier Spieler.

Anmerkung:

Das Ziel dieser Doppelstunde sollte es sein, die Jungen und Mädchen unserer AG erst einmal in fröhlicher Runde aufeinander einzustimmen. Die hier vorgeschlagenen geselligen Spiele stellen nur eine kleine Auswahl aus einer Fülle von weithin bekanntem Spielgut dar. Vielleicht ist es schon zu viel für eine Doppelstunde, vielleicht sind aber auch dem AG-Leiter und den Schülern andere Spiele geläufig, die sie lieber einsetzen möchten. Alle vorstehend aufgeführten Spiele wollen nur als Beispiele dienen und sind selbstverständlich austauschbar. Sollte aber doch nicht so viel anderes Spielgut bekannt sein, der Spielleiter sich eine größere Auswahl wünschen oder die Mitglieder der AG ihn noch um einige weitere ›Rezepte‹ für Gruppe und Familie bitten, so bietet sich als gute Quelle das Büchlein »Spielt mit!« an, das Margarethe Cordes zusammen mit dem Arbeitskreis zur Förderung geselliger Spiele e. V. herausgegeben hat[2]).

Die 2. Doppelstunde – Erzählen und Mimen

In aufgelockerter Atmosphäre geht es auch in der zweiten Doppelstunde im Kreis weiter.

Erzählspiele

Hierbei sind Phantasie, Gedächtnis und Schlagfertigkeit gefragt. Zunächst fangen wir mit einem leichten Spiel an:

Geschenktes nutzen

Auch der Spielleiter nimmt im Kreis Platz. Auf sein Zeichen verrät jeder seinem rechten Nachbarn im Flüsterton, was er ihm schenkt. Darauf sagt jeder seinem Nachbarn zur Linken flüsternd, wie dieser sein Geschenk nutzen soll. Sind alle Spieler von links und rechts informiert, verrät der Spielleiter der Runde, was er geschenkt bekam und was damit geschehen soll. Dann schließen sich reihum die anderen an. Die Ergebnisse lassen keine Trübsal aufkommen. – Zum Beispiel: »Ich bekam einen *Plattenspieler* und soll damit den *Garten umgraben.*« – »Mein Geschenk ist ein *Löwe*; ich soll mit ihm ins *Hallenbad* gehen.« »Ich bekam eine *Armbanduhr«* und soll davon eine *gute Suppe kochen.*« usw.

Städte-Kette

Jetzt wird es schon etwas kniffliger. Der Spielleiter, ausgerüstet mit einer Uhr, auf der sehr genau der Ablauf von jeweils fünf Sekunden ablesbar ist, steht in der Mitte. Er nennt einen Städtenamen (zum Beispiel Berlin) und bestimmt den Spieler, bei dem die Städte-Kette beginnt. Der muß innerhalb von fünf Sekunden einen Städtenamen nennen, der mit dem letzten Buchstaben der vorhergenannten Stadt beginnt, also zum Beispiel *N*eape*l*. Und so geht das reihum weiter, zum Beispiel *L*übec*k* – *K*öl*n* – *N*eustad*t* – *T*rien*t* – *T*oront*o* – *O*ppel*n* – *N*aumbur*g* – *G*er*a* – *A*ache*n* usw.

Wer in fünf Sekunden keinen entsprechenden Städtenamen genannt hat, scheidet aus, steht auf und stellt sich hinter seinen Stuhl. Anstelle der Städte-Kette kann man auch zum Beispiel eine Pflanzen- oder eine Tier-Kette veranstalten.

Reporter

Nun muß jeder zeigen, daß er schnell reagieren kann. Der

Spielleiter fordert alle auf, sich ein Hauptwort zu denken. Der freiwillige oder durch Los bestimmte Reporter tritt in den Kreis. Er hat die Aufgabe, die ihm von den einzelnen Mitspielern auf sein Handzeichen zugerufenen Wörter möglichst sinnvoll in seinen Bericht einzufügen. So beginnt er vielleicht: »Kürzlich reiste ich zum Besuch von Tante Marie nach London. In Frankfurt bestieg ich eine Boeing der Lufthansa. Als ich (hier wird ihm auf sein Zeichen das erste Wort zugerufen: »Löffel«) meinen Platz eingenommen hatte, brachte mir die Stewardeß eine Portion Eis, die ich mir *Löffel* für Löffel gut schmecken ließ. (Jetzt kommt das Wort »Wellensittich«). Mir gegenüber saß ein alter Herr. Der hatte einen *Wellensittich* in einem Käfig auf dem Schoß. (Nächstes Wort »Moped«.) Der konnte anscheinend nur ein Wort sprechen: *Moooo- -ped*! Als wir in London landeten (Stichwort »Mittelstürmer«), erkannte ich schon von der Gangway aus in der Menschenmenge den berühmten *Mittelstürmer* Mike Miller...« Und so geht es weiter. Weiß der Reporter mit einem ihm zugerufenen Wort nichts anzufangen, darf der Zurufer als Reporter fortfahren. Wenn er mindestens fünf Wörter in seine Geschichte eingefügt hat, kann er den Job an einen Mitspieler seiner Wahl weitergeben. Der darf fortfahren, aber auch mit einer neuen Geschichte beginnen.

Man kann das Spiel variieren, indem man sich zum Beispiel vorher darauf einigt, daß sich jeder den Namen einer bekannten Persönlichkeit aus Vergangenheit oder Gegenwart denkt.

Pantomimische Spielversuche

Bei den nächsten Spielen lassen wir unsere Sprechwerkzeuge einmal völlig in Ruhe und versuchen, uns mittels der Gesichts- und Körpersprache verständlich zu machen. Das Wort Pantomime kommt aus dem Griechischen (pantomimos = alles nachahmend). Die Kunst des stummen Spiels, also der Darstellung eines Handlungsablaufes allein durch Gesichtsausdruck, Gebärden und Bewegungen der Spieler, war schon den Griechen und Römern geläufig. Wir reagieren oft unbewußt pantomimisch (zum Beispiel bei Reaktionen der Freude, der Begeisterung, der Trauer, des Zorns). In den folgenden Spielversuchen wollen wir uns bemühen, unsere Mimik (Mienenspiel) und Gestik (Gebärdensprache) bewußt einzusetzen und uns dabei kritisch zu beobachten.

Handwerker

Während ein Spieler vor der Tür wartet, entscheiden sich die Spieler im Kreis, welche Handwerkertätigkeit von allen pantomimisch dargestellt werden soll. Hat er das dann richtig erraten, bestimmt der Ratespieler einen anderen, der bei der nächsten Runde den Handwerker erkennen muß.

Läuft das Spiel gut, kann man es erschweren, indem jeder Spieler im Kreis einen anderen Handwerker darstellt. Der Ratespieler geht dann reihum. Hat er einen Handwerker richtig bestimmt, stellt dieser seine Tätigkeit ein. Auch bei dieser Spielform ist eine vorherige Absprache im Kreis in Abwesenheit des Ratespielers gut. Wenn die Handwerksberufe nicht ausreichen, kann der eine oder andere Handwerker mehrfach vertreten sein. Anstelle von Handwerkern können die Spieler auch zu Musikern werden und die verschiedensten Instrumente spielen.

Wer bin ich, und was tue ich?

Jetzt wird es noch ein wenig komplizierter. Jeweils drei Spieler sind nun aktive stumme Darsteller. Sie überlegen sich unabhängig voneinander, wen sie pantomimisch darstellen wollen und welche Tätigkeit sie dabei ausüben. Die Zuschauer müssen das erraten.

Beispiele:
Ein Maler tapeziert eine Zimmerwand.
Ein Torwächter wehrt erfolgreich einen Ball ab.
Ein Mathematiklehrer entwickelt an der Tafel eine Formel.
Eine Frau bäckt einen Kuchen.
Eine Frau pflegt und gießt die Blumen auf ihrem Blumenfenster.
Ein Mann entspannt sich beim Fernsehen.
Die Darbietungen der Pantomimenspieler erfolgen auf das Startzeichen des Spielleiters und können ein- oder zweimal wiederholt werden. Erst auf die Frage des Spielleiters: »Was haben wir gesehen?«, dürfen sich die Zuschauer äußern. Sie sollten auch angeregt werden, Verbesserungsvorschläge zu machen. Wird eine Tätigkeit nicht erraten, kann sie noch einmal besonders sorgfältig wiederholt werden. Ist alles klar, gibt es drei andere pantomimische Darsteller.

Partnerspiel
Nun machen wir den Kreis so groß, wie es unser Raum zuläßt. Jeweils zwei Spieler werden durch den Spielleiter in die Mitte gerufen und stellen in pantomimischem Zusammenspiel dar, was er ihnen aufträgt, zum Beispiel:
Ihr spielt eine Runde Tennis.
Ihr trefft euch zufällig auf der Straße und habt euch etwas Lustiges zu erzählen.
Ihr seid Glaser, tragt miteinander eine große Glasscheibe und setzt sie in ein Fenster ein.
Ihr macht eure Morgentoilette vor dem Spiegel. Eine(r) von euch ist das Spiegelbild.
Ihr hebt eine schwere Kiste auf und ladet sie auf einen Wagen.
Ihr sitzt auf einer Bank und frühstückt. Nach dem Brot habt ihr noch Obst zu verzehren (zum Beispiel Apfel, Pfirsich, Banane, Weintrauben).

Die Darbietungen werden anschließend im Kreis konstruktiv besprochen und eventuell durch andere Paare wiederholt.
Zur allgemeinen Aktivierung kann der Spielleiter zwischendurch auch die ganze Runde einbeziehen, zum Beispiel:
Jetzt essen wir alle einmal Obst.

Jetzt machen wir alle unsere Morgentoilette vor dem Spiegel (Zweiergruppen).
Jetzt plagen wir uns alle mit einer schweren Kiste ab (Zweiergruppen).

Anmerkung:

Mit den Erzählspielen – insbesondere dem Reporterspiel – und den pantomimischen Spielversuchen sind wir schon mittendrin in der Theaterarbeit. Dabei geht es in dieser und den folgenden Übungsstunden darum, den Jungen und Mädchen die Hemmungen zu nehmen, sprachlich und mimisch selbst etwas zu gestalten und dabei eigene Ideen zu entwickeln. In der Regel werden sie sich damit anfangs als einzelne noch schwertun. In der Kleingruppe, die wir im folgenden häufiger ansprechen wollen, fällt ihnen das dann schon leichter.
Für weiterführende Spielvorschläge sei noch einmal auf das Buch »Spiel mit!«[2]) verwiesen.

Die 3. Doppelstunde – Improvisieren

Auf den Stuhlkreis könnten wir nun verzichten. Ist unser Übungsraum aber groß genug, sollten wir die weit auseinandergezogene Stuhlarena ruhig beibehalten. Improvisiert (unvorbereitet gehandelt) haben wir hin und wieder schon in den beiden ersten Doppelstunden. Diesmal aber soll darin der Schwerpunkt unseres spielerischen Tuns liegen[3]).

Improvisationen nach Reizwörtern

Der Spielleiter hat einige weiße und farbige Karten mit jeweils einem Wort beschrieben. Die Wörter auf den weißen Karten bezeichnen *Gegenstände*, die auf den farbigen Motive für eine *Spielhandlung*, zum Beispiel:

Weiße Karten	Farbige Karten
Hammer	Begeisterung
Medikament	Schrecken
Flasche	Mißtrauen
Glas	Fröhlichkeit
Brief	Kummer
Buch	Entsetzen
Zeitung	Spannung
Radiorecorder	Erstaunen

Es bilden sich kleine Gruppen von zwei bis vier Teilnehmern. Jede Gruppe zieht bei verdeckten Karten je ein Stichwort der beiden Kategorien. Die Vorbereitungszeit beträgt etwa zehn Minuten. Hier ist zu überlegen:

1. Wo und wann sich das Geschehen abspielen soll.
2. Mit welcher Situation die improvisierte Szene beginnt.
3. Welcher Höhepunkt der Handlung (und damit auch zugleich Abschluß der Szene) anzustreben ist.
4. Wie die Situation bis zu diesem Ziel zu entwickeln ist.
5. Welche Personen (Rollen) benötigt werden und wer sie übernimmt.

Wenn alle Mitglieder der Gruppe in der zu improvisierenden Szene mitspielen können, ist es gut. Es schadet aber auch nichts,

wenn ein Spieler einmal pausiert und nur an der Vorbereitung der Szene beteiligt ist.
Den Gruppen sollte es überlassen bleiben, ob sie ihre Szenen dialogisch oder pantomimisch darstellen möchten. Nur wenn eine der beiden Spielformen ganz außer acht gelassen wird, müßte der Spielleiter etwas steuern.
Nach der Darbietung einer Szene kann die Gruppe, die diese gestaltet hat, die Zuschauer raten lassen, welche beiden Reizwörter dem Geschehen zugrunde lagen. Und selbstverständlich gibt es nach jeder Szene eine hilfreiche »Manöverkritik«, an der sich möglichst viele Zuschauer beteiligen sollten. Daß zu einer guten Spielpraxis auch das gemeinsame Reflektieren über das jeweils Dargebotene gehört, dürfte mit der Zeit von allen Mitgliedern der AG akzeptiert werden.
Will man die Improvisationsübungen nach Reizwörtern noch ausbauen, kann man eine dritte Kategorie (andersfarbige Karten) mit der Angabe des *Handlungsortes* einführen und damit die Spielgruppen etwas stärker festlegen, zum Beispiel:

In der Schule
Im Wohnzimmer
Auf dem Campingplatz
Auf der Polizeiwache
Im Büro
Auf dem Sportplatz
Im Flugzeug
In einer Gaststätte (einem Café)

Improvisationen mit Gegenständen

Anstelle der Reizwörter erhalten unsere Kleingruppen (zwei bis vier Spieler) jetzt einen Gegenstand aus der »Requisitenkiste«, die der Spielleiter zu diesem Zweck zusammengestellt hat. Dazu können zum Beispiel gehören:

Ein Spieltelefon
Eine Zeitung
Eine alte Brille
Ein Zylinderhut
Ein altes Telefonbuch
Einige alte Kopfbedeckungen für Damen und Herren
Zwei oder drei bunte Kopftücher
Zwei oder drei Schleier
Mehrere Briefumschläge
Einige Papierblumen

Die Grundüberlegungen, die jede Gruppe vor ihrer Spielgestaltung zu treffen hat, entsprechen denen für die Improvisationen nach Reizwörtern. Die Requisiten beflügeln mit Sicherheit die Phantasie der Spieler und ihr Gestaltungsvermögen. Ist man mit einem Zylinderhut nicht fast schon ein Zirkusdirektor oder ein Zauberkünstler? Verwandelt eine alte Brille auf der Nase uns nicht in eine komische Alte oder in einen schrulligen Gelehrten? Ein bißchen Schleier vor dem Gesicht vermittelt einen Hauch von Orient. Ein Kopftuch steht einer Marktfrau gut zu Gesicht und so weiter.

Falls es für das erarbeitete Konzept der Gruppe hilfreich erscheint, kann sie sich zu dem ihr zugeteilten Gegenstand ein bis zwei weitere Requisiten aus dem Vorrat des Spielleiters holen.

Auch bei den Improvisationen mit Gegenständen sollten die Gruppen wählen dürfen, ob sie ihre Stegreifszenen dialogisch oder pantomimisch spielen wollen.

Anmerkung:

Wenn am Schluß dieser Doppelstunde die AG und ihr Leiter feststellen müssen, daß sie längst nicht alle Vorschläge hierfür realisieren konnten, ja daß sie vielleicht über die Improvisationen nach Reizwörtern (oder mit Gegenständen) nicht hinausgekommen sind, so ist das nur ein gutes Zeichen. Entscheidend sind nicht so sehr die verschiedenen Anstöße für das Improvisieren, als vielmehr das freie spielerische Gestalten an sich. Abstriche am ›Programm‹ kann die AG jederzeit machen. Hier sei auch auf das verwiesen, was nachstehend zur 4. Doppelstunde gesagt ist.

Die 4. Doppelstunde – Wiederholen

Diese Übungsstunde will etwas ›Luft‹ in unser intensives Spielprogramm bringen. Hier bekommen die Jungen und Mädchen der AG die Möglichkeit, das aus dem Angebot der vorhergehenden Stunden noch einmal durchspielen, was ihnen besonders Spaß gemacht hat. Ganz sicher wird es da für 90 Minuten genug ›Stoff‹ geben. Vielleicht konnten aber bisher auch noch nicht alle Anregungen in die Tat umgesetzt werden, und es bietet sich daher jetzt die Gelegenheit, einiges nachzuholen.

Die 5. Doppelstunde – Rhythmus und Bewegung

Falls wir für unsere Übungsstunden nicht schon eine leichte sportliche Kleidung (mit Turnschuhen) bevorzugen, wäre es für diese Doppelstunde bestimmt anzuraten. Wir wollen zwar weder turnen noch Leichtathletik betreiben, uns aber ausgiebig rhythmisch bewegen. Unser ganzes Dasein ist von Rhythmen geprägt. Das fängt mit dem Herzschlag an und setzt sich im Gehen und Laufen, Tanzen, Singen und Musizieren und nicht zuletzt im Arbeiten fort. Die unentbehrliche Uhr hat ihren

Rhythmus, und zahlreiche Maschinen zwingen dem Menschen ihren Rhythmus auf.

Bewegungsimprovisationen

Jede Arbeit, jedes Spiel, jede dramatische Handlung enthält rhythmische Bewegungselemente. Einige davon wollen wir uns besonders deutlich machen und in unterschiedlichen Übungen und Improvisationen isoliert herausstellen[4]).

Laufübungen
Falls bei dieser und den folgenden Übungen sich die ganze Gruppe nicht frei in unserer ›Arena‹ bewegen kann und wir diese Stunde auch nicht ins Freie verlegen können, müssen wir zwei oder drei kleinere Gruppen bilden.
Der Spielleiter gibt mit einem Tamburin den Rhythmus an. Die Gruppe läuft zuerst im Kreis im Zweivierteltakt. Das Tempo wird dabei mehrfach verändert. Entsprechend wird auch auf Weisung des Spielleiters die Körperhaltung variiert, zum Beispiel:
Wir laufen ganz gelöst.
Der Körper wird gestreckt.
Die Arme werden langsam über den Kopf gehoben.
Wir entspannen uns und senken unsere Arme.
Wir straffen uns wieder und stampfen mit den Füßen auf den Boden.
Wir laufen jetzt ganz gelöst; unser Rücken wird krumm, der Kopf ist gesenkt.
Wir sinken entspannt auf unsere Stühle (den Boden).
Wenn wir das Ganze jetzt im Dreivierteltakt durchführen, wird uns deutlich werden, wie stark uns ein veränderter Rhythmus beeinflussen kann.

Arbeitsbewegungen

Jetzt steht die ganze Gruppe im Kreis. Der Spielleiter gibt nacheinander einfache Rhythmen an und fordert entsprechend zu Arbeitsbewegungen auf, die dem Rhythmus anzupassen sind, zum Beispiel:

Wir hacken Holz.
Wir sägen mit einer kleinen Handsäge.
Wir sägen zu zweit mit einer Baumsäge.
Wir hämmern.
Wir setzen uns und nähen.
Jetzt arbeiten wir sitzend am Fließband in einer Kleingerätefabrik.
Jeder erfindet eigene Handgriffe.
Nun stehen wir am Fließband in der Endmontage einer Automobilfabrik.

Maschinen darstellen

Sind bis jetzt alle rhythmischen Impulse vom Spielleiter ausgegangen, sollten nun wieder Kleingruppen (bis zu sechs Teilnehmer) die Möglichkeit zum Improvisieren haben. Der Spielleiter gibt ihnen Anstöße, etwa:

> »Ihr stellt eine große Maschine dar, die nach einem von euch gefundenen Rhythmus arbeitet. Ein Spieler gibt diesen Rhythmus an (sind nicht genügend Tamburins vorhanden, kann er klatschen oder klopfen).«

oder

> »Erfindet einen rhythmischen Arbeitsvorgang mit einer Maschine, bei dem einige von euch die Maschine, die anderen die daran Arbeitenden darstellen. Wir wollen nachher raten, was ihr produziert habt.«

Die Kleingruppen sollten Gelegenheit haben, ihre Bewegungsimprovisationen möglichst ungestört voneinander erproben zu können. Vorbereitungszeit: etwa zehn Minuten.

Rhythmisch klatschen

Zum Abschluß klatschen alle in der großen Runde zu verschiedenen Rhythmen (Tamburin, Akkordeon, Recorder). Wenn bei einem Lied der Text bekannt ist, kann natürlich auch mitgesungen werden (zum Beispiel bei einem Spiritual).

Auch für das Klatschen gibt es verschiedene Varianten, zum Beispiel:

Auf dem Fußboden sitzen und in die Hände klatschen –
Anschließend auf den Fußboden klatschen –
Über dem Kopf klatschen –
Im Stehen klatschen –
Stehend über dem Kopf klatschen –
Auf Stühlen sitzen und in die Hände klatschen –
Auf die Oberschenkel klatschen –
Abwechselnd in die Hände, auf die Oberschenkel und über dem Kopf klatschen –
Zum Klatschen den Rhythmus mit den Füßen aufnehmen –
Sich im Raum rhythmisch bewegen und dabei in die Hände klatschen – und so weiter.

Anmerkung:

Wenn rhythmische Bewegungsübungen auch nur für eine Doppelstunde konzipiert sind, darf nicht der Eindruck entstehen, als sei die Beschäftigung damit nach 90 Minuten als abgeschlossen zu betrachten. Rhythmus und Bewegung sind Teil eines jeden Spiels, und wir sollten im Verlauf unserer weiteren Arbeit immer wieder die eine oder andere Übung – vielleicht in abgewandelter Form – zur Auflockerung einschieben. Interessenten an weiterführenden Anregungen seien hier auf das bereits zitierte Buch von Grete Nissen »Mimen und Dramatisieren«[4]) verwiesen.

Die 6. Doppelstunde – Rätsel spielen und raten

Die Scharade kommt aus dem Frankreich des 18. Jahrhunderts (charade) und ist ein Wort- oder Silbenrätsel. Dabei wird das zu erratende Wort in seine Silben oder (bei zusammengesetzten Hauptwörtern) in seine Teile zerlegt. Der Sinn der einzelnen Wortteile wie der des ganzen Wortes wird umschreibend angedeutet, zum Beispiel: Erstes Wort: ein kleines Tier (= Vogel), zweites Wort: ein wichtiger Beruf (= Bauer), das Ganze: Haustierkäfig (= Vogelbauer). Mitunter wird die Scharade auch in Gedichtform dargeboten, zum Beispiel:

Mein erstes ist ja nicht die Sonne,
mein zweites ist die Wahrheit nicht;
drum geb ich oft nur trügerische Wonne
und stets ein ungewisses Licht. (= Mondschein)

Uns geht es aber nicht um ein derart geruhsames Rätselraten. Wir wollen uns in dieser Übungsstunde mit der ›lebenden‹ Scharade, das heißt mit dem Scharadenspiel, befassen. Darin liegen viel Spannung und Humor, und von den aktiv wie passiv daran Beteiligten werden schöpferische Phantasie und Mitdenken erwartet.

Wortscharaden als Pantomimen

Um möglichst schnell alle AG-Teilnehmer zu aktiven Scharadenspielern werden zu lassen, bilden sich wieder kleinere Gruppen (sechs bis zehn Spieler), die den Auftrag erhalten, Schara-

denwörter aus vorerst nur zwei zusammengesetzten Hauptwörtern (Koppelwörtern) zu finden und so darzubieten, daß sie eindeutig zu erraten sind. Um auch die letzten Zuschauer die Lösung finden zu lassen, kann man sie in drei Szenen spielen (erstes Teilwort, zweites Teilwort, Lösungswort).
Damit alle leicht erkennen, wie das gemacht werden kann, erarbeitet der Spielleiter vor der ganzen AG mit einigen Freiwilligen eine Beispiel-Scharade: »Fingerhut«

Erste Szene: »Finger«
Requisiten: ein Tisch, zwei Stühle
Pantomime:
Zwei Jungen basteln. Sie sägen mit Laubsägen, fügen Teile aufeinander und nageln sie zusammen. Die einzelnen Details werden pantomimisch gut ausgespielt. Da haut sich der eine der beiden mit dem imaginären Hammer auf den linken Zeigefinger. Er springt unter deutlichen Zeichen des Schmerzes auf, steckt den Finger in den Mund, zieht ihn wieder heraus, krümmt ihn und pustet darauf. Schließlich sinkt er, von Schmerzen gepeinigt, auf den Stuhl. Der andere Junge ist fortgelaufen und kommt mit der Mutter zurück. Die streicht dem Blessierten tröstend über das Haar, schraubt eine Tube auf, streicht Salbe auf den Finger (der Junge zeigt immer noch Zeichen des Schmerzes) und wickelt dann eine lange Binde, die der andere Junge pantomimisch abwickelt, um den blessierten Finger. Dann fassen die Mutter und der andere Junge den Ärmsten unter und geleiten ihn hinaus. Der hochgestreckte Finger ist dabei deutlicher Mittelpunkt.
Gong! (wenn vorhanden)

Zweite Szene: »Hut«
Requisiten: ein Tisch mit einigen (möglichst ausgefallenen)

Damenhüten, ein Stuhl
Pantomime:
Eine Dame und ein Herr betreten das Hutgeschäft. Die Verkäuferin begrüßt sie gestenreich. Der Herr wird auf den Stuhl komplimentiert. Dann setzt die Verkäuferin der Dame nacheinander verschiedene Hüte auf. Die Kundin betrachtet sich jedesmal gründlich in dem von zwei Spielern dargestellten großen ovalen Spiegel. Der steht so, daß die Zuschauer das Spiegelbild nicht sehen, dafür aber die graziösen Kopfbewegungen und die Mimik der Dame bewundern können. Der Herr zeigt bei den ersten Hutmodellen deutlich seine Ablehnung. Dann aber, beim vierten oder fünften Hut, ergibt er sich in sein Schicksal, steht auf und bezahlt. Die Dame hängt sich bei ihm ein und rauscht stolz mit dem neu erworbenen Hut hinaus.
Gong!
Anmerkung: Natürlich können die realen Hüte von zwei im Spiel nicht ganz unerfahrenen Mädchen auch pantomimisch deutlich gemacht werden.

Dritte Szene: Fingerhut
Requisiten: zwei Stühle, ein Fingerhut
Pantomime:
Mutter und Tochter sitzen auf den Stühlen und handarbeiten. Die Mutter näht, die Tochter stickt (oder häkelt oder strickt). Da hat die Tochter Schwierigkeiten. Die Mutter legt ihre Arbeit in den Schoß, beugt sich zur Tochter hinüber und berät sie. Sie nimmt deren imaginäre Handarbeit und zeigt ihr mit ein paar Handgriffen, wie sie es richtig machen muß. Dann nimmt die Tochter die Handarbeit zurück, und die Mutter will weiternähen. Da muß ihr etwas heruntergefallen sein. Ihre Augen suchen den Boden zu ihren Füßen ab. Die Tochter springt auf,

legt ihre Handarbeit auf den Stuhl und hilft der Mutter beim Suchen. Jetzt steht auch die Mutter auf. Da hat die Tochter das Vermißte unter dem Stuhl entdeckt. Sie kniet nieder, hebt einen Fingerhut auf und überreicht ihn der Mutter so, daß alle Zuschauer das gut sehen können. Die Mutter freut sich und steckt den Fingerhut auf den Ringfinger der rechten Hand. Beide setzen sich und nehmen ihre Arbeit wieder auf.
Gong!
Jetzt erst dürfen die Zuschauer den Spielern das erratene Lösungswort zurufen. Sie müssen wissen, daß auch derjenige, der es schon früher gefunden hat, dies nicht vor Abschluß der letzten Szene kundtun darf, um Spielern wie Zuschauern nicht den Spaß zu verderben.
Sicher wird es den zwei oder drei Gruppen, die sich inzwischen gebildet haben, keine allzugroßen Schwierigkeiten bereiten, eigene Scharaden aus Koppelwörtern zu gestalten. Nur ein paar Beispiele zur Anregung:

Butter – Milch	=	Buttermilch
Kinder – Wagen	=	Kinderwagen
Telefon – Leitung	=	Telefonleitung
Tür – Schlüssel	=	Türschlüssel
Baum – Schule	=	Baumschule
Hosen – Träger	=	Hosenträger

Natürlich kann man auch drei- oder vierteilige Scharadenwörter spielen, und mit der Orthographie braucht es dabei nicht immer unbedingt zu stimmen, zum Beispiel:

Naht – Uhr – Kunde	=	Naturkunde
Kamm – Meer – Mus – Sieg	=	Kammermusik

Wichtig für das richtige Erraten der Scharade ist die vorherige Ansage, aus wieviel Teilen das Lösungswort besteht und ob es in der letzten Szene noch einmal zusammengefaßt dargestellt wird.

Wortscharaden dialogisch

Natürlich läßt sich die Wortscharade auch mit Dialogen spielen. Hierfür empfehlen sich zwei Varianten:

1. Die etwas schwierigere (aber interessantere!) Möglichkeit: die Handlung der einzelnen Szenen umschreibt das zu erratende Wort; dieses wird aber nicht ausgesprochen.
2. Die andere Möglichkeit: in den einzelnen Szenen werden die zu erratenden Wörter mehrfach (aber nicht überbetont!) genannt.

Mit Requisiten kann man auch hier sparsam umgehen. Meist lassen sie sich durch Gesten ersetzen. Wenn man zur besseren Verdeutlichung einmal ein echtes Requisit verwendet (wie zum Beispiel den Fingerhut in der Beispiel-Scharade), schadet das gewiß nichts.
Auch bei der Kostümierung kann man sich auf wenige Andeutungen beschränken. Schön wäre es, wenn die Scharadenspieler möglichst einheitliche Trainingsanzüge oder Trainingshosen mit einfarbigen Pullis trügen und diese Bekleidung entsprechend ihren Rollen durch bunte Tücher, Kopfbedeckungen, Umhänge usw. abwandelten.

Buchstabenscharaden

Hier gehört zu des Rätsels Lösung stets nur der erste Buchstabe eines gespielten Wortes. Den Zuschauern muß vorher gesagt werden, aus wieviel Buchstaben das Lösungswort besteht und ob als letzte Szene das Lösungswort selbst dargestellt wird. Eine Buchstabenscharade »Besen« könnte zum Beispiel aus folgenden sechs Szenen (pantomimisch oder dialogisch) bestehen:

1. Szene: *B*ank
2. Szene: *E*imer

3. Szene: *S*ack
4. Szene: *E*is
5. Szene: *N*est
6. Szene: Besen (Lösungswort)

Anmerkung:

Scharadenspiel ist zugleich auch Stegreifspiel, eine Spielform, die uns im Verlauf unserer weiteren Arbeit kaum noch ›loslassen‹ wird. Die vorstehenden Vorschläge gehen über das, was in 90 Minuten zu verwirklichen ist, hinaus. Sie können aber sicher auch bei geselligen Anlässen außerhalb der Theater-AG genutzt werden, und wenn unsere Jungen und Mädchen dann zu Initiatoren für ein fröhliches Scharadenspiel würden, wäre das gewiß ein schönes ›Nebenprodukt‹ unserer Bemühungen.

Die 7. Doppelstunde – Atmen – Sprechen – Reden

Haben wir in der Scharaden-Stunde der Phantasie unserer AG-Teilnehmer freien Lauf gelassen, geht es diesmal um ein mehr technisch-formales Trainieren. Wir wollen versuchen, unsere Atem-, Sprech- und Redeübungen aber so aufgelockert wie möglich an die Jungen und Mädchen heranzubringen. Sie sollten sie nicht als lästiges Beiwerk betrachten, sondern vielmehr als Hilfen für ein erfolgreiches Theaterspielen akzeptieren, deren man sich immer wieder gern bedient und die gerade für ein unbeobachtetes Heimtraining gut geeignet sind.

Atemgymnastik

Mußten wir nicht alle schon einmal beim temperamentvollen Erzählen, beim Gedichtaufsagen oder beim Singen nach Luft

schnappen? Und oft genug konnten wir das wohl auch bei jungen wie älteren Mitmenschen beobachten. Viele atmen oberflächlich, kurz und hastig. Und wie steht es mit uns? Reicht die Luft nicht aus, nutzt das beste Theaterspielen nichts, denn dann versagt die Stimme im unpassendsten Augenblick.
Wenn wir ausatmen, strömt die Luft durch unseren Kehlkopf und bringt unsere Stimmbänder zum Vibrieren. In der Atemgymnastik[5]) soll es nun darum gehen, daß wir zu einem möglichst intensiven Zwerchfell- oder Bauchatmen kommen und dabei lernen, mit dem Inhalt unseres ›Blasebalgs‹ haushälterisch umzugehen.
Wir stellen uns bei geöffnetem Fenster oder im Freien im Kreise auf und können uns so gegenseitig beobachten. Locker und gelöst atmen wir ganz langsam durch die Nase ein. Dabei senkt sich das Zwerchfell, der Bauch tritt vor, und unser Brustkasten wird erweitert. Die Lungen können sich vollsaugen. Langsam atmen wir aus und lassen die Luft durch den leicht geöffneten Mund ausströmen. Das Zwerchfell entspannt sich, die Rippen werden einwärts bewegt und pressen dabei die Luft aus der Lunge. Wenn wir die Hände in die Magengegend und die Seiten legen, fühlen wir deutlich die rhythmische Bewegung bei der Zwerchfellatmung.

Wer hat den größten Blasebalg?

Jetzt geht es darum, wer den längsten Atem hat. Auf »Einatmen!« pumpen alle schnell ihre Lungen voll. Bei »Stopp!« wird die Luft kurz angehalten. Auf »Ausatmen!« versucht jeder unter Zischen (sch...) den kostbaren Luftvorrat so lange wie möglich zu strecken. Wer hält dabei am längsten durch? Auf 15 Sekunden sollte man schon kommen. Dabei dürfen wir uns aber nicht verkrampfen!

Preßlufthammer

Bei dieser Übung zur Atembeherrschung saugen alle auf Kommando die Lungen voll, halten den Atem inne und stoßen ihn dann mit Druck von sich: »Uff! Uff! Uff...«

Geräuschkulisse

Und nun wird die ganze Gruppe zu einer einzigen großen Geräuschkulisse. Alle atmen tief ein, halten die Luft an, und der AG-Leiter spielt auf der menschlichen ›Orgel‹. Er läßt sie summen (sss–), tönen (aaa – oder ooo –) oder zischen (schschsch), auf Zeichen die Lautstärke mehrmals bis zum Crescendo anschwellen und sie dann wieder bis zum Pianissimo zurücknehmen.

Sprechgymnastik[5])

Daß auch die Beherrschung der Sprechwerkzeuge wichtig ist, haben wir schon oft genug erfahren. Da gibt es Lehrer wie Schüler, die man schlecht verstehen kann. Selbst hochgelehrten Professoren und anderen klugen Vortragenden zuzuhören ist oft sehr anstrengend. Man ärgert sich über das ›Nuscheln‹, und mit einer größeren Lautstärke ist dem kaum abzuhelfen. Unakzentuiertes und spannungsloses Sprechen ermüdet die Zuhörer, und die schrille Tongebung eines Redners mit verkrampften Sprechwerkzeugen fällt uns auf die Nerven. Versuchen wir, unsere Gesichtsmuskulatur, unsere Lippen und nicht zuletzt unsere Zunge durch regelmäßige Übungen zu lockern, um das, was wir zu sagen haben, sach- und sinngemäß artikulieren zu können.

Vokal-Turnen

Etwas haben wir für das Schmieren unserer Sprechwerkzeuge bereits mit den Sprechspielen in unserer 1. Übungsstunde getan. Wenn uns das Lied von den »Drei Chinesen mit dem Kontrabaß« (Seite 12) Spaß gemacht hat, sollten wir es hier noch einmal miteinander singen. Es is eine gute Übung für das ›Vokal-Turnen‹! Leiden wir danach noch nicht an Gesichts-Muskelkater, können wir gleich den »Lachkanon« anschließen. Auch hier läßt sich das »Ha, ha, ha...« nacheinander oder gleichzeitig bunt durcheinandergemischt durch die anderen Vokale oder Diphthonge ersetzen:

Luigi Cherubini (1760–1824)
Worte: Dieter Menge (1981)

Wagemutige ›Vokal-Turner‹ sollten versuchen, den ganzen Kanon auf »Ha-ha-ha«, »He-he-he«, »Hi-hi-hi« usw. zu singen.

Es ist ganz lustig, wenn uns bewußt wird, daß man bei den Diphthongen ai und ei wie a-e, au wie a-o, äu und eu wie o-ö spricht. So werden zum Beispiel: Ei, ei, ein Ei! zu A-e, a-e, a-en A-e!, Schau, schau, lauter blauer Rauch zu Scha-o, scha-o, la-oter bla-oer Ra-och und Läutet, läutet heute, Leute! zu Lo-ötet, lo-ötet ho-öte, Lo-öte!

Konsonanten-Beherrschung

Besonders wichtig für eine gut artikulierte Aussprache ist die Beherrschung der Konsonanten. Es würde aber den Rahmen dieser AG sprengen – und wäre für die Jungen und Mädchen auch zu langweilig –, wollten wir sie systematisch und mechanisch üben. Wir können schon einen Erfolg verbuchen, wenn die Teilnehmer an der AG hellhöriger werden gegenüber dem sprachlichen Ausdruck ihrer Mitschüler und vor allem auch selbstkritisch in bezug auf das eigene Sprachvermögen. Hier ein paar Beispiele von häufig auftretenden Sprachschludrigkeiten, die in verschiedenen Landschaften des deutschen Sprachraums beheimatet sind:

falsch	richtig
A*ch*beit	A*r*beit
Meist*a*	Meiste*r*
*b*om*b*ös	*p*om*p*ös
*G*erl	*K*erl
s-pitz	*s(ch)*pitz
s-pät	*s(ch)*pät
Bru*sch*t	Bru*st*
Kun*sch*t	Kun*st*
wen-*ik*	weni*(ch)*g – aber wenige
Kön-*ik*	Köni(*ch*)g – aber Könige
ar*ch*	arg
Gla*ß*	Gl*as*
*J*eschäft	*G*eschäft

Für die Jungen und Mädchen wäre es eine ganz interessante Aufgabe, diese Beispiele immer wieder durch eine Sammlung von selbst aufgespürten Sprachschludrigkeiten zu ergänzen.
Da heute fast jeder Schüler im Besitz eines Kassettenrecorders ist, bietet die eigene Tonaufnahme einen unbestechlichen Gradmesser. Gelingt es, die Schüler zu motivieren, sich hin und

wieder im ›stillen Kämmerlein‹ etwas laut auf Band zu sprechen und sich das anschließend anzuhören, sind wir bestimmt ein gutes Stück weitergekommen.
Als geeignete Grundlage für eine sprechgymnastische Heimarbeit bietet sich nachstehende

»Ode an die Buchstaben«

von Josef Weinheber (1892–1945) an, deren tiefer Sinn, ein Lobgesang auf die menschliche Sprache, sich den Jungen und Mädchen wohl erst mit der Zeit erschließen wird[6]):

Dunkles, gruftdunkles U, samten wie Juninacht!
Glockentöniges O, schwingend wie rote Bronze:
Groß- und Wuchtendes malt ihr:
Ruhe und Ruhende, Not und Tod.

Zielverstiegenes I, Himmel im Mittagslicht,
zittterndes Tirilli, das aus der Lerche quillt:
Lieb, ach Liebe gewittert
flammenzüngig aus deinem Laut.

E im Weh und im Schnee, grell und wie Messer jäh
schreckst das Herz du empor – aber wie Balsam legt
labend auf das verzagte
sich das Amen des klaren A.

Bebend wagt sich das B aus einer Birke Bild.
Federfein und ganz Mund, flaumig wie Frühlingsluft,
flötenfriedlich – ach fühl im
F die sanften Empfindungen!

Doch das girrende G leiht schon den runden Gaum
ihr, der Gier. Und das Glück, treulos und immer glatt,
es entgleitet den Gatten,
eh sich wandelt der Rausch in Scham.

Eh das H mit der Kraft heiliger Höhe heilt
das gebrochene Herz. Ob auch ein Buchstab nur,
H ist hoch: Allen Lebens
Atem ist sein erhabner Hauch.

Hauch, entstoßen der Brust, wildes empörtes K,
das voransteht der Kraft, das uns den Kampf befiehlt:
Gott ist milde und läßt dir
leise folgen der Liebe L.

Gab das M uns im Mahl, gab uns das Maß, den Mut.
Warm und heimatlich M, wahrhafter Mutterlaut!
Wie so anders dein Nachbar,
hat das N nur ein näselnd Nein.

Springt das P mit Galopp über Gestrüpp und Klipp,
löst sich Lippe von Lipp, und das hochherr'sche R
dreht, ein Reaktionär, das
Rad zurück und beraubt uns rasch.

Schwarze Luft, und sie dröhnt von der Drommeten Zorn,
und im Sturm steht das S, sausend und steil und stark,
und es zischen die Wasser
schäumend über Ertrinkende.

Doch das schreckliche Wort, tönend wie Tubaton,
formt das doppelte T. Treffendstes, tiefstes Wort:

Tot... Wer fände noch Trost nach
solchem furchtbaren Eisentritt?

Aber Gott will uns gut, gab auch das weiche W,
das wie wohliger Wind über das Weinen weht.
Gab das Z uns: Es schließ den
Tanz, den Glanz und die Herzen zu.

Redegymnastik

Haben wir in der 3. Doppelstunde den Versuch unternommen, kleine Spielszenen nach Reizwörtern zu improvisieren, geht es jetzt darum, weitere Hemmungen im freien Ausdruck abzubauen und die Schlagfertigkeit zu fördern.

Drei-Wörter-Spiel

Der AG-Leiter hat eine größere Zahl von Kärtchen vorbereitet, die jeweils ein Substantiv enthalten, zum Beispiel: Kindergarten – Afrika – Lesebuch – Affe – Olivenhain – Boot – Klavier – Erz – Andenken – Friseur – Theaterbesuch – Fisch – Baum – Nordpol – Bergwerk – Café – Dunkelheit – Garten – Hinterhalt und so weiter.

Der freiwillige oder durch Los bestimmte Stegreifredner (hier empfiehlt es sich, für alle Fälle Namenskarten der AG-Teilnehmer bereitzuhalten, mit deren Hilfe der Akteur ›gekürt‹ wird) zieht beim AG-Leiter verdeckt drei Wortkärtchen, zum Beispiel Affe – Friseur – Klavier. Er setzt sich wieder in den Kreis, überlegt kurz (nicht länger als eine Minute!) und beginnt dann zu erzählen. Dabei müssen die Wörter, die sinngemäß nichts miteinander zu tun haben, in beliebiger Reihenfolge in einen zusammenhängenden und möglichst sinnvollen Bericht (Stegreifrede, -vortrag, -reportage) eingebaut werden. Der Phantasie sind dabei wieder keine Grenzen gesetzt. Schön wäre es, wenn der Erzähler es mit seinen Ausführungen auf etwa drei Minuten brächte (eine lange Zeit für ungeübte Stegreifredner!) und es ihm gelänge, die drei Reizwörter so zu ›verpacken‹, daß die Runde sie nicht sofort heraushört. Das wird dann nach jedem Bericht erfragt.

Anmerkung:

Für das Übungsprogramm dieser Doppelstunde gilt sinngemäß das, was zu den rhythmischen Bewegungsübungen (Seite 26) gesagt wurde. Die Redegymnastik mit den drei Reizwörtern (man kann sie auch mit vier oder fünf Reizwörtern steigern) hat sich übrigens auch außerhalb von Schule und Jugendgruppen als Gesellschaftsspiel bewährt.

Die 8. Doppelstunde – Wiederholen

Hier gilt das gleiche, was bereits zur 4. Doppelstunde ausgeführt wurde (Seite 23).

Kleinformen des Spiels: 4 Doppelstunden

Die 9. Doppelstunde – Entscheidungsspiele

Es ist nicht immer leicht, sich für eine Sache klar zu entscheiden. Seine einmal gefaßte Meinung dann aber auch gegenüber anderen Standpunkten erfolgreich vertreten zu können, will gelernt sein. Schlagfertigkeit allein genügt hier nicht, man muß dabei überzeugend argumentieren können. Eine gute und zugleich interessante Übungsmöglichkeit dafür bietet das Entscheidungsspiel. Hier wird ein ›Fall‹ diskutiert, zu dem es zumindest zwei konträre Standpunkte gibt. Diese Standpunkte sind durch zwei ›Parteien‹ so überzeugungskräftig wie möglich zu vertreten. Danach fällen die Zuhörer eine Abstimmungsentscheidung. Sicher ist einigen Jungen und Mädchen die Fernsehsendung »Pro und Kontra« bekannt, die in Form eines Entscheidungsspiels durchgeführt wird. Sie soll uns als Vorbild dienen:

Pro und Kontra

Die Gruppe sitzt dabei wieder im Kreis, nur haben wir diesmal – sich gegenüberstehend – zwei Schultische einbezogen, an denen die Vertreter der beiden Parteien Platz nehmen (je zwei oder drei Schüler). Der Spielleiter (beim ersten Spiel wohl am besten der AG-Leiter) gibt den beiden Parteien den Fall schriftlich. Sie können sich darauf zu einer kurzen Beratung zurückziehen, während die Zuhörer mit der Sachlage vertraut gemacht werden. ›Fälle‹ gibt es im Schulleben genug, wie zum Beispiel diesen:

»Für und wider die Englischarbeit«

Eine 9. Klasse in einer kleinen Stadt hatte mit ihrem Musiklehrer seit längerer Zeit einen Opernbesuch – für die meisten Schüler den ersten ihres Lebens – in der etwa 50 km entfernten Großstadt geplant. Aus dem Programm wurde »Zar und Zimmermann« von Albert Lortzing ausgewählt, und der Musiklehrer hatte die Klasse gut für die Aufführung vorbereitet. Etwa drei Wochen vor Abschluß des Schuljahrs sollte die Fahrt stattfinden. Ein Omnibus wurde bestellt, und der Klassensprecher ließ sich die Eintrittskarten schicken. Am Tage der Aufführung, es war ein

Donnerstag, kündigte der Englischlehrer (die Englischlehrerin) der Klasse für den nächsten Tag eine zweistündige Arbeit an, die letzte des Schuljahrs. Die Schüler protestierten. Das wäre nicht zumutbar, weil sie am Abend nicht vor Mitternacht nach Hause kämen. Der Englischlehrer bemühte sich, ihnen seine Beweggründe darzulegen. Die Arbeit müsse noch geschrieben werden. Eine Verschiebung sei nicht vertretbar, da am Mittwoch der nächsten Woche bereits die Zeugniskonferenz stattfände. Als die Schüler diese Argumente nicht akzeptierten, verlor er schließlich die Geduld: »Schluß mit dem Gerede! Morgen wird geschrieben, und wer nicht mitschreibt... Ihr wißt ja, ...für Arbeitsverweigerung gibt es eine Sechs!« – Die Klasse schickte ihren Klassensprecher und seine Stellvertreterin zu der Vertrauenslehrerin (Verbindungslehrerin bzw. -lehrer) und zu dem Musiklehrer und bat um deren Hilfe. Nach Bekanntgabe des Falles formuliert der Spielleiter die Entscheidungsfragen:

Pro:

Die Arbeit ist am Vormittag nach dem Opernbesuch zu schreiben.

Kontra:

Die Arbeit ist auf einen späteren Termin zu verschieben.

Danach wird die Runde (die Sprecher der beiden Parteien ausgenommen) um ihre Vorentscheidung gebeten. Jeder hat nur eine Stimme (pro oder kontra), Stimmenthaltungen sind ausgeschlossen. Es empfiehlt sich, allen Teilnehmern schon vorher je zwei Stimmkarten pro und kontra auszuhändigen und die Abstimmung geheim durchzuführen. Das Ergebnis der Vorentscheidung wird an die Tafel geschrieben.

Jetzt haben die Sprecher der beiden Parteien das Wort (Redezeit drei bis fünf Minuten). Sie sollen versuchen, das endgültige Abstimmungsergebnis im Sinne ihrer Partei zu beeinflussen. Es beginnt der erste Vertreter der Pro-Partei und trägt eine Reihe von Argumenten vor, die das Verhalten des Englischlehrers (der Englischlehrerin) rechtfertigen. Der erste Vertreter der Kontra-Partei begründet den Widerstand der Schüler gegen den für sie ungünstigen Arbeitstermin und versucht gleichzeitig, die Argumente des ersten Sprechers der Pro-Partei zu entkräften.

Der zweite Sprecher der Pro-Partei geht nun seinerseits auf die Ausführungen des Sprechers der Kontra-Partei ein und führt möglichst noch neue Gesichtspunkte an. Ihm antwortet der Sprecher der Kontra-Partei. Er hat (wenn jede Partei nur zwei Sprecher stellt) das letzte Wort vor der Abstimmungsentscheidung und nutzt diese Chance für seine Argumentation.

Danach läßt der Spielleiter – ohne vorherige Aussprache in der Gruppe – wieder geheim abstimmen. Auch dabei müssen sich die Sprecher der beiden Parteien ihrer Stimme enthalten.

Fällt das endgültige Abstimmungsergebnis jetzt anders aus als das der Vorentscheidung, dürfen sich die Vertreter der Partei, die Stimmen gewonnen hat, das zugute halten.

Bei einer kurzen Schlußaussprache im Keis mit den Sprechern der beiden Parteien geht es nicht noch einmal um Pro- oder Kontraargumente, sondern vielmehr um Stellungnahmen zu der Art und Weise, wie die Sprecher ihre Sache vertreten haben.

Neben ›Fällen‹ aus dem Schulalltag bieten sich für Entscheidungsspiele auch solche aus dem Kommunalleben, aus der Landes- und Bundespolitik, aber auch aus der Literatur an. Hier nur einige Themen:

Streit um das Ziel einer Klassenfahrt.

Soll die Schülerzeitung weiter bestehen (anders gestaltet werden)?

Für und wider das Jugendhaus.

Drohende Einschränkung des Bundesbahn-Nahverkehrs.

Müssen noch mehr Autobahnen gebaut werden?

Kontroverse Stellungnahmen nach einer Deutschlektüre.

Anmerkung:

Die Arbeit mit den Entscheidungsspielen läßt sich gut im Deutschunterricht oder in der Gemeinschaftskunde (bzw. Sozialkunde, Politische Bildung, Gesellschaftslehre...) fortsetzen; wieder ein »Nebenprodukt« der Theater-AG! Zahlreiche weitere Anregungen bringt das Buch von Klaus Tiemann »Planspiele für die Schule«[7]).

Die 10. Doppelstunde – Rollenspiele

Die Soziologie hat für die Charakterisierung menschlichen Verhaltens und menschlicher Erwartungen vom Theater den Begriff der Rolle entliehen:

> »Menschen rechnen damit, daß andere sich so verhalten, wie sie es selbst voraussehen und wünschen. Sie haben nämlich eine Vorstellung von der Rolle, die der andere spielt. Die Großeltern erwarten zum Beispiel, daß ein Enkelkind seinen Großeltern einen Gefallen tut. Weil Dieter weiß, daß er das Enkelkind ist, findet er dies auch richtig. Das gleiche gilt für die Erwartungen der anderen Personen an Dieter. Man nennt das Rollenerwartungen. Wie jemand diese Erwartungen erfüllt, bekommt er zu spüren: Ablehnung, Tadel, Entzug von Vergünstigungen oder durch Belohnung, Lob und Anerkennung...«[8])

Das Rollenspiel geht von diesen Überlegungen aus und versucht, anhand von vorgegebenen Fallsituationen

> »Verhaltensweisen anderer Menschen zu beobachten und zu reflektieren,
>
> Verhaltensweisen anderer Menschen auszuprobieren und zu üben,

Entscheidungsmöglichkeiten durchzuspielen und zu bewerten.«[3])

Die Mitwirkenden bei einem Rollenspiel sind auf die Rolle, die sie dabei zu vertreten haben, durch eindeutige Anweisungen festgelegt. Sie sollen aber den Dialog weitestgehend frei gestalten. In unseren spielerischen Vorübungen hat deshalb das Rollenspiel einen gewichtigen Platz.

Um den zügigen Ablauf eines solchen Rollenspiels zu ermöglichen, sind vorher – am besten durch eine kleine Arbeitsgruppe, die dem AG-Leiter zur Seite steht – einige Vorbereitungen zu treffen. Dabei ist die ›Lage‹ für das durchzuführende Rollenspiel festzulegen und schriftlich zu fixieren. Ferner ist zu bedenken, welche Rollen vertreten sein sollen und welche Standpunkte die Träger dieser Rollen einzunehmen haben. Die knapp zu formulierenden Rollenanweisungen sind ebenfalls niederzuschreiben.

Vor Beginn des Rollenspiels gibt der AG-Leiter (Spielleiter) den aktiven Teilnehmern wie den Zuhörern die ›Lage‹ bekannt. Dann erhält jeder Spieler seine schriftliche Rollenanweisung. Die Anweisungen seiner Mitspieler erfährt er nicht. Er muß nun versuchen, sich in die ihm zugewiesene Rolle hineinzuversetzen. Enthält seine Anweisung Aussagen in direkter Rede, sind sie wörtlich in seine Argumentation zu übernehmen.

Ein Rollenspiel-Manuskript könnte etwa folgendermaßen aufgebaut sein:

Beispiel für ein Rollenspiel

Thema: Sollen wir ein Schulfest feiern?

Die Lage:

Die ... Schule (eigene Schule) hat ... Schulstufe(n) mit

insgesamt ... Klassen. Die Schülervertretung (SV) hat mit großer Mehrheit vorgeschlagen, kurz vor Abschluß des Schuljahres ein großes Schulfest durchzuführen, an dem alle Klassen beteiligt sein sollen. Als Gäste seien die Eltern und andere Angehörige einzuladen.

Die Elternvertretung (Gesamtelternbeirat, Schulpflegschaft) hat sich in ihrer letzten Sitzung mit dem Vorschlag befaßt und unterstützt – bei einigen Vorbehalten – diesen Plan.

Im Lehrerkollegium hat es noch keine Entscheidung gegeben. Der Schulleiter hat deshalb zu einem informellen Gespräch eingeladen und dazu den Elternbeiratsvorsitzenden (Schulelternsprecher o. ä.) mit zwei weiteren Elternvertretern, den SV-Sprecher mit zwei anderen Schülervertretern, den stellvertretenden Schulleiter, den Vertrauenslehrer (Verbindungslehrer o. ä.) und sechs Mitglieder des Kollegiums gebeten. Voraussichtliche Dauer der Sitzung: 30 Minuten.

Die Teilnehmer:

Schulleiter
Stellvertretender Schulleiter
Vertrauenslehrer (o. ä.)

Frau A. Frau H. Frau K. Herr I. Herr L. Herr W.	} Vertreter des Kollegiums

Elternbeiratsvorsitzender (o. ä.)

Frau M.
Herr B. } Elternvertreter

SV-Sprecher (o. ä.)

Hans P.
Helga G. } Schülervertreter

Rollenanweisungen:
Die nachstehende Reihenfolge der Teilnehmer hat selbstverständlich nichts mit der Reihenfolge der Diskussionsbeiträge zu tun. Jeder Teilnehmer sollte sich mehrmals zu Wort melden und seine Rollenanweisung nicht etwa mit nur einem Diskussionsbeitrag zu erfüllen versuchen.

Schulleiter:
Du eröffnest und leitest die Aussprache und mußt darauf achten, daß jeder – entsprechend seiner Meldung – zu Wort kommt. Gleich zu Beginn fragst du, wer von den Kollegen ein kurzes Ergebnisprotokoll führen und am Schluß der Aussprache die wichtigsten Ergebnisse stichwortartig zusammenfassen möchte. Übernimmt niemand freiwillig diese Aufgabe – auch nicht nach gutem Zureden –, bittest du den Vertrauenslehrer um diesen Dienst: »Sie haben sich mit den Fragen, um die es uns heute hier geht, sicher schon so intensiv beschäftigt, daß wir Ihnen die kleine Arbeit wohl zumuten dürfen.«
Zum Abschluß bedankst du dich bei allen Gesprächsteilnehmern für ihre Mitarbeit, insbesondere auch beim Protokollführer, und kündigst an, daß du dich bei der nächsten Gesamtkonferenz für die Durchführung des Schulfestes einsetzen willst.

Stellvertretender Schulleiter:
Du bist nicht grundsätzlich gegen ein Schulfest, hast aber gewisse Bedenken, ein solches kurz vor Abschluß des Schuljahres durchzuführen. Die Vorbereitungen für ein Schulfest brächten gewiß des öfteren den planmäßigen Unterricht durcheinander, und das geschähe dann in einer Zeit, in der die letzten Arbeiten zu schreiben seien, Zeugniskonferenzen stattfänden usw. Dein Vorschlag: »Ich bin für ein Schulfest vor den Osterferien.«

Vertrauenslehrer:
Du siehst in dem Vorschlag der Schülervertretung einen konstruktiven Beitrag der Schülerschaft für ein Zusammenwirken von Schülern, Eltern und Lehrern und bittest die Kollegen, den Vorschlag engagiert zu akzeptieren. Über den Termin läßt du mit dir reden. Vor den Osterferien erscheint dir allerdings die Durchführung eines Schulfestes nicht gerade empfehlenswert. »Wie wäre es, wenn wir uns auf einen Termin kurz vor Pfingsten einigten?«

Frau A. (entfällt, wenn die Schule keine Grundschule hat):
Du sprichst für die Grundschule und hast Bedenken, ob die Grundschulklassen, insbesondere das erste Schuljahr, bei einem derartigen Fest nicht ›untergebuttert würden‹.

Grundsätzlich bist du mit den Kollegen von der Grundschule zur Mitwirkung bereit und hoffst auf aktive Hilfe durch die Elternschaft. Ihr möchtet den Termin aber möglichst kurz vor der Sommerpause haben. »Schließlich sollten doch gerade viele Vorführungen und Spiele der Kleinen im Freien stattfinden.«

Frau H.:
Du bist Musik- und Sportlehrerin und findest den Gedanken des Schulfestes großartig. Selbstverständlich wirst du mit dem Schulchor und der Musikgruppe Beiträge erarbeiten. Mit Jungen und Mädchen der oberen Klassen möchtest du den Versuch unternehmen, moderne Tänze, Beatgymnastik sowie zwei oder drei Volkstänze einzustudieren.

Frau K.:
Du meinst, daß man über Einzelheiten der Programmgestaltung heute noch nicht sprechen sollte. Wenn das Schulfest beschlossene Sache wäre, müßte man möglichst bald einen Festausschuß bilden, dem dann neben einigen Kollegen auch Vertreter der Eltern- und Schülerschaft angehören sollten. »Ich mache dabei gern mit!«

Herr I.:
Als Mathematik- und Physiklehrer der Oberstufe hast du große Bedenken gegen das Schulfest. Du erkennst zwar die Initiative der Schülerschaft an, meinst aber: »Vergessen wir doch nicht, daß wir einen Bildungsauftrag haben, den es zu erfüllen gilt. Die schulischen Leistungen unserer Jugend lassen ohnehin immer mehr nach. Schuld daran sind vor allem die zunehmenden Reizüberflutungen, denen sie ausgesetzt ist!«
Du befürchtest, daß manche unbedingt notwendige Fachstunde dem Schulfest zum Opfer fallen dürfte.

Herr L.:
Als Kunsterzieher und Sportlehrer stehst du uneingeschränkt zu dem Projekt. Hier ergäben sich gerade für den kreativen Bereich so viele Möglichkeiten, daß die Leh-

rerschaft sich ein Armutszeugnis ausstellen würde, wenn sie hier „nein“ sagte. Du hast viele Vorschläge, die du nur kurz andeutest: Ausstellung von Schülerarbeiten, Verkauf von Schülerarbeiten für einen guten Zweck, Herstellung von Plakaten, sportliche Vorführungen und so weiter.

Herr W.:
Du unterrichtest Deutsch und Englisch in den 5., 6. und 7. Klassen. Du bist für das Schulfest. »Wenn man den Termin lange genug vorher weiß, kann man den Unterricht so gestalten, daß sinnvolle ›Produkte‹ für das Fest abfallen.«

Elternbeiratsvorsitzender:
Du teilst mit, daß die Klassenelternbeiräte (Klassenelternsprecher) bei nur zwei Stimmenthaltungen dem Plan für ein Schulfest zum Schuljahresabschluß zugestimmt hätten. Voraussetzung sei allerdings, daß das Lehrerkollegium in seiner Mehrheit ebenfalls für das Schulfest wäre. Wenn das Kollegium sich für einen Termin »um Pfingsten« ausspräche, fände das gewiß auch die Zustimmung der Eltern. – Es sei richtig, daß die Jugend heute durch vielerlei Einflüsse von der Schule abgelenkt würde. Im Falle der Durchführung des geplanten Schulfestes versprichst du dir allerdings positive Auswirkungen auf die Haltung der Schüler: »Sie haben das Fest angeregt, und sie werden sich dafür einsetzen. Die Jungen und Mädchen bekennen sich damit zu ihrer Schule, und das sollte man nicht zu gering bewerten!«

Frau M. (entfällt, wenn die Schule keine Grundschule hat):
Du vertrittst die Eltern der Grundschulklassen und setzt dich besonders dafür ein, daß die Grundschule voll in das

geplante Fest einbezogen wird. Einige Väter und Mütter hätten sich schon bereit erklärt, eine Puppenbühne aufzubauen und vor den Kindern zu spielen. »Es ist übrigens selbstverständlich, daß wir bei der Durchführung des Festes den Grundschullehrern zur Seite stehen!«

Herr B.:
Du hast dir Gedanken über die Finanzierung des Festes gemacht und schlägst vor, daß man eine Tombola veranstalten sollte. Als Geschäftsmann würdest du dich in der Stadt um kostenlose Preise bemühen und wärst auch bereit, »die ganze Sache in die Hand zu nehmen«.

SV-Sprecher:
Du trägst vor, wie sich die Klassensprecher den Ablauf des Schulfestes denken. Es sollte an einem Samstag stattfinden und um 13 Uhr beginnen. Am Vormittag müßte der Unterricht ausfallen, da die Klassen, Arbeitsgemeinschaften und andere Schülergruppen dann die letzten Vorbereitungen zu treffen hätten. Der Schulhof (die Schulhöfe), der Sportplatz (bei ungünstiger Witterung die Turnhalle), die Pausenhalle (der Gemeinschaftsraum, die Aula) und einzelne Klassenzimmer seien einzubeziehen. So könnten die verschiedensten Darbietungen parallel laufen. Auf dem Schulhof sollten eine Bratwurst- und eine Getränkebude (alkoholfrei!) aufgebaut werden. Gäbe es Überschüsse, könne man sie für das Kinderdorf XYZ (oder ein anderes humanitäres Projekt, für die Ausgestaltung des Schulhofes o. ä.) zur Verfügung stellen. »Jedenfalls muß unser Schulfest eine pfundige Sache werden.«

Hans P.:
Du bist ein guter Fußballer und schlägst ein Fußballspiel Schüler gegen Lehrer und Väter vor. Vielleicht könnte die Elternschaft einen Wanderpokal stiften. Bei dem Schulfest müßten auch noch weitere sportliche Wettkämpfe durchgeführt werden. Du schlägst vor: ein Handball- oder Volleyballspiel Schülerinnen gegen Lehrerinnen und Mütter – und natürlich auch ein Tauziehen Schüler gegen Lehrer und Väter, Väter gegen Lehrer und so weiter.

Helga G.:
Du meinst, daß man neben dem Getränkestand und der Würstchenbude auch eine Cafeteria einrichten sollte. »Kaffee und Kuchen finden bestimmt einen reißenden Absatz!« Im Hauswirtschaftsunterricht könnten die Mädchen Kuchen backen. Sicher würden aber auch viele Mütter gern Kuchen stiften.

Anmerkung:

Dieses Rollenspiel-Manuskript muß natürlich nach Bedarf geändert und auf die Situationen der eigenen Schule zugeschnitten werden. Man kann Rollen hinzunehmen und weglassen. Der Spielleiter sollte darauf achten, daß die Spieler möglichst viele eigene Beiträge (natürlich im Sinne ihrer Rolle!) leisten.
Zur Auswertung des Rollenspiels empfiehlt es sich, dieses auf Tonband (Kassettenrekorder) aufzunehmen.
Als Themen für weitere Rollenspiele bieten sich u. a. an:
Eine Stadtverordnetensitzung (mit aktuellen kommunalpolitischen Themen);
eine Amtsgerichtsverhandlung (Diebstahl im Supermarkt);
eine Vereinssitzung mit einem kontroversen Thema.

Auch hier gilt das, was zur Weiterführung der Entscheidungsspiele in anderen Fächern gesagt wurde (Seite 44). Das dort erwähnte Buch von Klaus Tiemann bringt auch viele gute Beispiele für Rollenspiele und ähnlich aufgebaute Planspiele.

Die 11. Doppelstunde – Situationsspiele

In den beiden vorausgegangenen Übungsstunden haben wir mit den Entscheidungs- und Rollenspielen das Improvisationsvermögen und die Phantasie unserer AG-Teilnehmer in bestimmte, fest umrissene Bahnen verwiesen. Sie mußten sich in vorgegebene Rollen hineinversetzen und im Sinne dieser Rollen agieren. Das Situationsspiel, um das es uns in dieser Doppelstunde geht, verzichtet dagegen bewußt auf alle Direktiven. Ein vorgegebener Sachverhalt wird völlig frei gestaltet.

Das Situationsspiel ist eine legitime Tochter des Stegreifspiels, an das wir uns jetzt langsam heranarbeiten wollen. Es fußt auf gestalterischen Kräften im Menschen, die ihm angeboren sind und vor allem durch den Nachahmungstrieb geprägt werden. Wie natürlich spielen Kinder im Vorschulalter Situationen nach, die sie irgendwann einmal beobachtet haben oder von denen man ihnen erzählt hat! Da halten sie Schule, fahren mit dem Auto, dem Omnibus oder der Eisenbahn, kommen zu Besuch, regeln den Verkehr, kaufen ein, feiern Hochzeit und so weiter.

Dabei fallen Spiel und Formung immer zeitlich zusammen. Die Kinder kennen das Ziel und finden den Weg dahin im Spiel. Dieses natürliche Spielen, diese Unbefangenheit in der Gestaltung läßt mit zunehmendem Alter nach und muß bei den meisten Jugendlichen erst wieder geweckt werden.

Durch unsere geselligen Vorübungen, insbesondere die verschiedenen Improvisationen und Scharaden pantomimischer wie dialogischer Art, haben wir den Weg dazu bereits beschritten und noch vorhandene Hemmungen bei unseren AG-Teilnehmern abgebaut. So müßte es möglich sein, das gewiß vorhandene Einfühlungsvermögen und die Vorstellungskraft unserer Jungen und Mädchen noch stärker zu fordern und sie zu ermutigen, kleine Spielszenen frei zu gestalten. »Das Thema ist im Grunde nur eine Art Wegweiser, und bekanntermaßen führen viele Wege nach Rom. Die Entwicklung der Handlung, die Steigerung zum Höhepunkt und die Herbeiführung des Abschlusses bleiben den Spielern überlassen.«[5])

Alltagssituationen

Zehn Ausgangssituationen aus dem Alltag in Familie, Schule und Umgebung seien hier skizzenhaft umrissen. Es empfiehlt sich, jede Situation mindestens von zwei Gruppen unabhängig voneinander vorbereiten zu lassen (Zeit: fünf bis zehn Minuten). Auf Requisten kann man hier ganz verzichten.

Dicke Luft!

Familie am Mittagstisch (Vater, Mutter, zwei oder drei Kinder). Vater hat beruflichen Ärger und ist schlecht gelaunt, Mutter nimmt es übel, daß das mit Sorgfalt zubereitete Essen nicht gewürdigt wird. Schließlich kommt man auf die Schule zu sprechen.

Fernsehen

Am Feierabend geht es im Familienrat um das abendliche Fernsehprogramm. Vater, Mutter und die große Tochter (der Sohn, die großen Kinder) haben unterschiedliche Vorstellungen.

Sommerreise

Familie M. plant frühzeitig eine Sommerreise. Vater M. präsentiert seine Vorschläge. Zu seiner Enttäuschung werden sie von seiner Frau nicht voll akzeptiert. Sohn und Tochter rücken mit eigenen Plänen heraus.

Mutter bekommt ein neues Kleid

Vater und Tochter begleiten die Mutter beim Kleiderkauf. Eine gesprächige Verkäuferin preist mehrere Modelle an.

In der Fußgängerzone

Herr und Frau L. treffen Herrn und Frau W. Gesprächsstoff: der heute eröffnete neue Supermarkt.

Mofa-Treff

Mehrere Jugendliche treffen sich mit ihren Mofas in der Nähe einer beliebten Discothek, tauschen Erfahrungen aus und planen.

Eine neue Schallplatte (Kassette)

Zwei oder drei Jugendliche wollen eine neue Schallplatte (Kassette) kaufen. Der Verkäufer (die Verkäuferin) berät sie mit Engelsgeduld.

Vor der Mathematikarbeit

Eine Schülergruppe im Gespräch über die Mathematikarbeit, die am nächsten Tag geschrieben werden soll.

So eine Ungerechtigkeit!

Eine Schülergruppe in der großen Pause nach Rückgabe des Deutschaufsatzes.

Wer stiehlt von uns?

Gisela M. sind aus der Schultasche zehn Mark gestohlen worden. Der Dieb (die Diebin) muß zur Klasse gehören. Klassenlehrer(in) und Schüler diskutieren darüber.

Anmerkung:

Im Anschluß an ein Situationsspiel bzw. an mehrere Darbietungen mit gleichem Sachverhalt sollte eine gemeinsame Aussprache stattfinden. Dabei sind etwa folgende Gesichtspunkte zu beachten:

Wurde die Spielsituation glaubhaft dargestellt?
War der Schauplatz der Handlung zu erkennen?
Wie faßten die Spieler ihre Rollen auf, und wie spielten sie sich gegenseitig zu?
Wie entwickelten die Spieler die Situation bis zu ihrem Abschluß?
Hatte das Situationsspiel einen Höhepunkt?

Es empfiehlt sich, zuerst die Zuschauer zu Wort kommen zu lassen und danach die Spieler zur Stellungnahme aufzufordern. Dabei darf es aber keineswegs zu einer ›Anklage‹ einerseits oder zu einer ›Verteidigung‹ andererseits kommen. Der AG-Leiter weiß das gewiß zu verhindern und wird gerade der Gruppe, die eine schwache Leistung gezeigt hat oder deren Leistung die Kritik der Zuschauer nicht gerecht wurde, den nötigen Mut machen, ohne Verklemmungen an die nächste Aufgabe heranzugehen.

Die 12. Doppelstunde – Wiederholen

Bevor wir darangehen wollen, uns mit dem Stegreifspiel nach literarischen Vorlagen etwas anspruchsvollere Aufgaben zu stellen, sollten wir hier noch einmal ›auf der Stelle treten‹. Nach den sehr unterschiedlichen Vorübungen, mit denen wir uns bisher befaßt haben, dürfte es den Jungen und Mädchen sicher nicht schwerfallen, ein Wunschprogramm für diese Doppelstunde aufzustellen.

Spiele aus dem Stegreif: 6 Doppelstunden

13. bis 18. Doppelstunde – Geschichten dramatisieren

Manche moderne Kurzgeschichten, aber auch ältere Erzählungen, Anekdoten, Schwänke, Fabeln und Märchen, bieten sich für eine Dramatisierung aus dem Stegreif geradezu an. Der Schwierigkeitsgrad ist dabei recht unterschiedlich. So können einige Texte ohne große Veränderungen mit einfachsten Mitteln in kurze Spielszenen verwandelt werden, weil sie bereits in Form einer dialogischen Handlung aufgebaut sind, während andere erst eine sorgfältig durchdachte szenische Gestaltung erfordern. Sowohl leicht spielbare Kurzgeschichten, mit denen wir uns zum Abschluß der ersten Halbjahresarbeit in unserer Theater-AG intensiver befassen wollen, als auch schwieriger zu gestaltende literarische Vorlagen erfordern für ihre Umsetzung in Handlung einige methodisch-didaktische Überlegungen:
Sie müssen bereits in ihrer epischen Form einen dramatischen Kern enthalten, den wir herausarbeiten können. Neben den drei Beispieltexten, die nachfolgend hier vorgestellt werden, finden wir mit Sicherheit geeignete weitere Stoffe in Lesewerken, Taschenbüchern (Kurzgeschichten zeitgenössischer Autoren), Spielhandbüchern, Zeitschriften und mitunter auch in Tageszei-

tungen. Es empfiehlt sich, die ausgewählte Geschichte, selbst wenn sie schon bekannt ist, erst einmal in der Runde gut vorzulesen oder durch ein Mitglied der Gruppe vorlesen zu lassen. Während dann einige Schüler das Gehörte mit eigenen Worten nacherzählen, können alle schon mitüberlegen, wie in dem zu gestaltenden Spiel der »dramatische Bogen (Auftakt – Höhepunkt – Ausklang) richtig zu spannen ist«.[9])

Nachdem jeder Schüler einen Abdruck des Textes erhalten hat, besprechen wir gemeinsam die folgenden Fragen, von denen wir einige schon bei unseren »Improvisationen nach Reizwörtern« (S. 20) ähnlich formulierten:

1. Kommen wir mit einer Szene aus, oder müssen wir unser Spiel in mehrere Szenen gliedern?
2. Wo und wann spielt die Szene (spielen die Szenen), und wie machen wir das den Zuschauern deutlich?
3. Wie stimmen wir die Szene (die Szenen) ein (Auftakt)?
4. Müssen wir im Interesse eines verständlichen Handlungsablaufes neue Handlungsmomente einbauen?
5. Wo liegt der Höhepunkt (die Pointe) der Handlung, und wie ist er am besten herauszuarbeiten?
6. Wie sollte das Spiel (die Szene) enden, wenn Höhepunkt und Schluß (Ausklang) nicht zusammenfallen?
7. Welche Personen aus der Geschichte übernehmen wir in unser Spiel?
8. Welche Nebenrollen brauchen wir zusätzlich, um einen verständlichen Handlungsablauf zu gewährleisten (roter Faden)?
9. Wie sind die Rollen zu verteilen (Doppelbesetzungen)?
10. Wie sind die Rollen am besten zu charakterisieren? Wie sehen sich die Träger dieser Rollen selbst? Was meint die Gruppe?

Da es beim Stegreifspiel kein Textbuch und damit keine Stichwörter gibt, muß stichwortartig ein klares Spielgerüst erarbeitet werden und allen Mitspielern geläufig sein, damit niemand seine Einsätze verpaßt. Das gute ›Zuspielen‹ ist hier fast noch wichtiger als im Textspiel.

Wenn wir genügend Spieler haben, sollten wir jedes Stegreifspiel doppelt besetzen und in zwei Gruppen getrennt voneinander erarbeiten lassen. Dabei wäre es am besten, wenn der AG-Leiter zwei ›Regieassistenten‹ oder sogar ›Regisseure‹ fände und selbst beiden Gruppen nur beratend zur Seite zu stehen brauchte. Die sicher unterschiedlichen Spielkonzeptionen müßten bis zum beiderseitigen Vorspielen ›geheim‹ bleiben. Erst danach könnte man in einem kritischen Rundgespräch darüber beraten, wie vielleicht eine dritte Fassung mit einer dritten Besetzung (aus den beiden Gruppen) aussehen sollte.

Beispieltext 1[10]):

SECHZEHN JAHRE. Von Erich Junge

Martin kam herein und legte das Taschenmesser auf den Tisch. Es war ein schönes Messer, mit dunkelbraunen Hornplatten, einer großen Klinge, einer kleinen Klinge, einem Korkenzieher und einem Glasschneider.
»Gefällt es dir?« sagte Martin.
»Es ist ein fabelhaftes Messer«, sagte Bastian, »ich hätte selbst kein besseres finden können, ein ganz prima Messer ist das.« Er wog es in der Hand, öffnete es und prüfte die Schneide der langen, glänzenden Klinge.
»Du kannst es gebrauchen?« sagte Martin.
»Natürlich«, sagte Bastian und blickte zur Seite. »Ist noch etwas übriggeblieben?« fragte er.
»Hier sind zwei Mark dreißig«, sagte Martin, »es hat zwei Mark siebenzig gekostet.«
»Dann wollen wir gehen«, sagte Bastian.
»Du bist also noch immer entschlossen?«
»Ich mache mich nicht lächerlich«, sagte Bastian. »Ich habe den Entschluß gefaßt, und nun führe ich ihn aus.«
Seine Mutter kam herein. »Mama«, sagte er und küßte sie auf die Stirn, »ich geh noch ein bißchen fort mit Martin.« Er war fast einen Kopf größer als seine Mutter. Er legte seinen Kopf in ihr Haar, schönes, weiches, braunes, mütterliches Haar. Ihm war für eine kurze Zeit schwach zumute.
»Leb wohl, Mama«, sagte er.
»Bleib nicht so lange!« rief sie. Das hörte er nicht mehr.
Es regnete ein bißchen, und die Steine der Straße waren vom Regen gefleckt. Die Luft roch nach nassem spätem Sommer. An der Straßenbahnhaltestelle standen eine Menge Leute; sie warteten auf die Bahn.
Nachher, zwischen den vielen Leuten, auf dem Perron, wo es zugig war und nach nassen Mänteln und kaltem Rauch roch, sagte Bastian:
»Hast du sie mal gesehen?«

»Gestern«, sagte Martin. »Sie sah gar nicht gut aus. Ich fand, daß sie miserabel aussah.«
»Was hatte sie an?« fragte Bastian.
»Den blauen Mantel und das rote Kopftuch. Aber sie sah wirklich miserabel aus.«
»Hast du sie gesprochen?«
»Nein«, sagte Martin, »sie kam auf mich zu, und ich bin schnell weitergegangen. Ich habe so getan, als ob ich sie nicht sähe.« –
»Das war gut«, sagte Bastian.
Es regnete stärker. Und die Scheiben waren beschlagen. Und ein ganz junges Mädchen malte mit spitzem Zeigefinger einen Namen auf die beschlagenen Scheiben. Aber sie wischte ihn ganz schnell wieder weg. Als sie draußen waren und die abschüssige Straße zum Hafen hinuntergingen, kam der Wind stärker auf. Der Regen ließ nach.
»Willst du denn noch immer?« fragte Martin. »Ich finde, es lohnt sich eigentlich gar nicht. War es denn so schlimm, was sie getan hat?«
Sie blieben stehen, vor einem Haus. In dem Haus kochte jemand Wäsche, im Keller. Der weiße Dampf kroch durch die Eisenroste hervor und strich in Schwaden über die Straße.

»Ich liebe sie«, sagte Bastian. »Sieh mich an und sag, daß ich lüge!«
»Klar liebst du sie. Aber sie liebt dich doch auch. Mädchen tun manchmal so etwas, nur um einen ein bißchen eifersüchtig zu machen.«
Sie gingen weiter. Sie sprachen nicht mehr. Die abschüssige Straße hinunter gingen sie, sechzehnjährig, in grünen, verschossenen Lodenmänteln, hinunter zum Hafen.
»Es ist also abgemacht«, sagte Martin.
»Klar«, sagte Bastian, »so wie wir es besprochen haben.«
Sie gingen in die Wirtschaft »Zur Ewigen Lampe«. Über der Theke brannte eine trübe Funzel.
»Zwei Korn«, sagte Bastian. Sie setzten sich. Es war ganz leer. Der Wirt kam hinter der Theke hervor. Bevor er die Gläser auf den Tisch stellte, wischte er sie an seiner blauen, speckigen Schürze ab. Der Korn war hell und durchsichtig wie Wasser. Er brannte im Hals. Sie tranken noch einen. Bastian fühlte ein Zittern in den Knien.

»Geben Sie uns den Koffer«, sagte Martin, als er bezahlte. »Ich habe heute morgen einen Koffer hier untergestellt.«
»Einen Koffer«, sagte der Wirt.
»Ja«, sagte Martin. »Sie erinnern sich doch, einen braunen Koffer, mit einem Lederriemen umschlossen.«
»Da«, sagte der Wirt. Er holte den Koffer unter der Theke hervor. Sie gingen nach draußen. Es war schon fast dunkel. Auf dem Wasser schwammen Papierreste, Holzstücke und große, buntschillernde Ölflecke. Eine Sirene schrie. Und der Wind knarrte in den Takelagen der Schiffe. »Es ist doch ein Finne«, sagte Bastian.
»Ja«, sagte Martin, »es ist eine finnische Reederei. Ich habe gehört, daß er gegen acht auslaufen soll. Ein Matrose hat es heute morgen erzählt. Sie gehen nach Malmö und dann rauf nach Helsinki.«
»Jetzt ist es dunkel«, sagte Bastian. »Ich glaube, ich muß jetzt rüber.«
»Wenn du wirklich willst, mußt du wohl jetzt rüber«, sagte Martin. Sie stiegen in das kleine Boot, das Martin am Morgen besorgt hatte. Bastian setzte sich vorne hin, Martin hinten. Martin ruderte. Das Boot schaukelte stark, und es dauerte eine Weile, ehe sie von der Mauer loskamen. »Ich möchte ihr Gesicht sehen«, sagte Bastian plötzlich, »ihr Gesicht, wenn sie es erfährt.«
Und nach einer Weile: »Ob sie sich was antun wird?«
»Sie liebt dich doch«, sagte Martin. – Er ruderte schwer gegen den Wind und gegen das Wasser, das immer zur Mauer drängte.
Dann schwiegen sie. Ihre Gesichter waren bleich. Es war so dunkel, daß ihre Gesichter wie weiße Flecken in der Dunkelheit lagen.
Der Schiffsrumpf war groß und schwarz und schien bis in den Himmel zu reichen. Bastian faßte nach der Strickleiter, die vor seinen Händen hin und her schwang. Das Schiff hatte einen neuen Anstrich bekommen. Die Leiter war noch nicht eingezogen. Martin reichte Bastian den Koffer.
Er sagte mit abgewandtem Gesicht: »Aber das Messer kannst du doch gut gebrauchen.« Er sagte es, nur um etwas zu sagen. »Es ist ein fabelhaftes Messer«, sagte Bastian. – Jetzt fiel es ihm schwer, daß er kaum sprechen konnte. Er gab Martin einen Brief. Beinahe wäre der Brief ins Wasser gefallen.
»Gib ihn ihr morgen«, sagte er. »Morgen bin ich schon weit.« Es

kamen ihm Tränen. Er wollte die Tränen nicht zeigen. Er wandte sich ab und stieg langsam nach oben. Das Schiff roch nach Teer. Einen Augenblick lang war ihm übel. Er schluckte. »Hör zu«, rief Martin, »sie haben hinter dem Eingang, wo es zum Maschinenraum runtergeht, einen kleinen Verschlag, da liegen Taue und Ketten und Segelplanen. Ich habe den Matrosen ausgehorcht, heute morgen. Ich würde da reingehen an deiner Stelle.«

»Das ist gut«, sagte Bastian, »das ist bestimmt gut.« Er war schon ein Stück auf der Leiter und nach oben geklettert und nicht mehr zu sehen. Nur wenn er nach unten blickte, sah Martin den weißen Fleck. Bastians Gesicht.

Dann trieb das Boot ab.

Als Martin in die »Ewige Lampe« kam, war der Raum voll Rauch und Lärm. Martins Mantel war naß. Ein starker Regenschauer hatte ihn noch auf dem Wasser überrascht.

Es saßen ein paar Männer an den Tischen. Ein Neger war darunter. Martin erkannte ihn sofort wieder. Er war Koch auf dem Finnen.

»Mister Jim«, sagte der speckige Wirt hinter der Theke zu dem Neger, »es ist Zeit, Sie müssen an Bord.«

»Hallo!« sagte Martin.

»Hallo!« winkte der Neger.

»Herr Wirt, zwei Korn, für Mister Jim und mich«, sagte Martin.

Der Wirt brachte den Korn. Martin schob beide Gläser dem Neger hin. »Good«, lachte der Neger. Dann gingen sie zusammen nach draußen. »Allright«, sagte der Neger, als er ins Boot stieg, und dann hörte Martin das leichte Klatschen der Ruder im Wasser.

Martin lehnte sich gegen den Schuppen. Der Wind traf ihn dann nicht so stark. Auf dem Finnen hatten sie die Positionslichter gesetzt, und die beiden Hafenschlepper drehten mit halber Kraft bei.

Es dauerte nicht sehr lange, da kam das Boot zurück.

Was ihm sofort aufiel, war, daß Bastians Gesicht merkwürdig entspannt war. Er hatte die krankhafte Blässe verloren.

»Dieser Nigger«, sagte Bastian, »dieser verdammte Nigger. Jetzt glaube ich es, daß Neger einen sechsten Sinn haben. Die riechen so etwas.«

»Hat er dich rausgeholt?« fragte Martin.

»Ja, er tat so, als ob er etwas in dem Verschlag suchte. Aber ich

habe genau gefühlt, daß er mich suchte. Der hat mich bestimmt gerochen.« »Du hast Pech gehabt«, sagte Martin. »Es war ausgesprochenes Pech.«
»Glaubst du?«
»Ja, es war nur Pech, einfach Pech.«
»Aber es war doch ein anständiger Kerl. Er ist nicht mit mir zum Kapitän gegangen, hat mich gleich wieder zurückgerudert.«
»Du hast keine Schuld«, sagte Martin. »Du hast deinen Entschluß ausgeführt, bis zur letzten Konsequenz. Daß es nicht geklappt hat, war nicht deine Schuld.«
»Weißt du«, sagte Bastian plötzlich, und sein Gesicht war überhaupt nicht mehr blaß, und es sah nicht mehr unglücklich, sah beinahe glücklich aus. »Weißt du, als ich in dem Verschlag hockte, da mußte ich immer daran denken, daß du mir erzählt hattest, sie hätte miserabel ausgesehen. Immer mußte ich daran denken. Warum, meinst du, hat sie so schlecht ausgesehen?«
»Sie liebt dich doch«, sagte Martin.
»Ja«, sagte Bastian, »das ist es wohl gewesen.«
»Der Brief«, sagte Martin, »hier ist der Brief.«
»Gib ihn her«, sagte Bastian. Er zerriß ihn und warf die Fetzen ins Wasser. Es gab ein paar helle Flecke auf dem dunklen Wasser.
Sie standen noch eine Weile da, an den Schuppen gelehnt. Und die Schlepper zogen den Finnen heraus, der erst nach Malmö wollte und dann nach Helsinki.

Dazu einige Anregungen:
Zuerst überlegen wir uns, wie wir die Geschichte am besten in wenige, gut spielbare Szenen aufgliedern können. Mit drei Szenen müßte das zu schaffen sein.

Erste Szene
In Bastians Zimmer. – Hier können wir uns gut an den Text halten, den Dialog aber noch etwas ausbauen und bereits das Gespräch der beiden Freunde über die Begegnung Martins mit ›ihr‹ bringen.

Zweite Szene

Eine Bank am Hafenbecken. – In dieser Szene können wir zusammenfassen, was in der Geschichte »vor einem Haus«, in der Wirtschaft »Zur Ewigen Lampe« und »in dem kleinen Boot« handelt. Zuerst sitzen die beiden schweigend auf der Bank. Zwei junge Mädchen gehen vorüber. Martin sieht ihnen nach und sagt nach einer Weile: »Willst du denn noch immer?« –
Man hört während der Szene die verschiedensten Hafengeräusche, Wasserplätschern, Motorboottuckern, Schiffssirenen usw. (Kassette!). Den ›Korn‹ trinken die beiden aus einem Fläschchen, das Martin Bastian ›für alle Fälle‹ mitgebracht hat. Den Koffer holt Martin aus der »Wirtschaft nebenan«. Wichtig sind in dem Dialog der beiden Freunden die Pausen. Da bleibt vieles unausgesprochen, was die beiden denken, sagen möchten, es aber dann doch nicht wagen. Nachdem Bastian Martin den Brief an ›sie‹ gegeben hat (»Gib ihn ihr morgen. Morgen bin ich schon weit.«), steht er auf. »Komm, laß uns hinüberrudern zum Schiff...« – Mit der Empfehlung Martins, Bastian solle sich in dem kleinen Verschlag hinter dem Maschinenraum verstecken, und der Erwiderung von Bastian: »Das ist bestimmt gut«, endet die Szene.

Dritte Szene

In der Hafenkneipe »Zur Ewigen Lampe«. Hier kann man mit etwas Geschick eine entsprechende Atmosphäre schaffen: Theke mit ›speckigem‹ Wirt, Matrosen verschiedener Hautfarbe, Mädchen. Ein Musikautomat tönt (Kassette!), Lärm, Gläserklirren. – Martin betritt die Kneipe und setzt sich zu Jim an den Tisch. Als Jim dann geht, um zum Schiff hinüberzurudern, bleibt Martin sitzen und bestellt sich bei der Kellnerin ein Bier. Er wartet. Vielleicht hat der Musikautomat gerade Pause, und er geht und steckt Geld für die nächste Schnulze hinein. Vielleicht wird er auch angesprochen, aber er ist nicht zu einer Unterhaltung aufgelegt, setzt sich wieder und wartet. – Als Bastian die Kneipe betritt, ist er ›überrascht‹. Bastian ist froh, daß er Martin hier trifft. Er setzt sich zu ihm und muß erzählen. Martin bestellt noch ein Bier für ihn. – Nun können wir uns wieder an den Text halten. Die Szene, und damit das Stegreifspiel, kann damit enden, daß Bastian den Brief in kleine Fetzen zerreißt, diese in den Aschenbecher tut und anzündet. Martin: »Es ist gut so.« Den Titel der Geschichte könnte man für das Stegreifspiel verändern, »Der Abschiedsbrief« oder »Freunde« oder »Ein Finne nach Helsinki«.

Beispieltext 2

DIE BLAUE GROTTE. Von Jo Hanns Rösler

Ich suchte eine neue Sekretärin. Meine letzte hatte der Teufel geholt. Ich hatte es ihr hundertmal gewünscht, »daß Sie der Teufel hole!« Darauf tat er es auch, und ich saß da. Diesmal wollte ich eine besonders kluge Sekretärin mit guter Allgemeinbildung. Man tut sich beim Diktat leichter. Auch für das allgemeine Ansehen ist es gut.

»Wie gescheit ist schon die Sekretärin«, sagen die Leute, »wie intelligent muß dann erst der Chef sein!« Das ist so Aberglaube hierzulande. Ich schrieb den Posten aus. Die erste Bewerberin trat ein. Sie war hübsch und anmutig.

»Ich hatte Pech mit meiner letzten Sekretärin«, sagte ich, »Sie war dumm wie Bohnenstroh. Deswegen suche ich dieses Mal eine kluge und intelligente Sekretärin. Die Arbeit macht mehr Spaß, wenn auch der andere über eine gewisse Allgemeinbildung verfügt. Ich möchte daher drei Prüfungsfragen an Sie richten.«

»Bitte, gern.«

»Wie heißt die Hauptstadt von Norwegen?«
»Kopenhagen?«
»Leider nein. Es ist Oslo. Aber man irrt sich da gern. Eine zweite Frage: An welchem Leiden litt Beethoven?«
Sie zögerte, sagte dann: »Er hatte nie Geld.«
Ich verschluckte meine Antwort. Stellte eine dritte Frage: »Was verstehen Sie unter einem Fjord?«
»Eine bekannte Automarke.«
»Nein, die Automarke heißt Ford. Ein Fjord ist ein Einschnitt des Meeres ins Land mit steilen Uferwänden«, sagte ich und erhob mich. »Ich kann mich im Moment noch nicht entscheiden, liebes Fräulein – ich treffe meine Entscheidung schriftlich – Ihren Namen habe ich notiert – Sie hören von mir.«
Die zweite Sekretärin war eine Hochblondine. Sie kam direkt von der Schönheitsköniginnenwahl. Sie hatte verloren.
»Der Posten verlangt gewisse Ansprüche«, begann ich, »ich möchte daher zuvor drei Prüfungsfragen an Sie richten, wenn es Ihnen recht ist.«
»Bitte«, sagte sie, »nur zu!«
»Wer ist der Komponist der ›Lustigen Witwe‹?«
»Mozart!«
»Nein, Mozart schrieb ›Die Zauberflöte‹«. Ich versuchte eine zweite Frage: »Was ist eine Windhose?«
»Eine Art Strandhöschen für heiße Tage.« –
Die dritte Bewerberin wartete im Vorzimmer. Ich bat sie herein. Mir verschlug es die Rede. Sie sah aus wie ein Märchen. Mir blieb der Verstand stehen. Ich konnte nur stumm auf einen Stuhl deuten.
»Mein Fräulein«, sagte ich, »Sie sind –«
Sie winkte ab. »Ich hatte Pech mit meinem letzten Chef«, sagte sie, »er war dumm wie Bohnenstroh. Deswegen suche ich diesmal einen klugen und intelligenten Chef. Die Arbeit macht mehr Spaß, wenn auch der andere über eine gewisse Allgemeinbildung verfügt. Ich möchte daher gerne drei Prüfungsfragen an Sie richten.«
Ich saß starr und beklommen. »Bitte!« sagte ich tonlos.
»Wann und wo wurde Goethe geboren?«
»In Weimar!« stotterte ich, »die Jahreszahl ist mir entfallen.«
»1749, und außerdem in Frankfurt. Eine zweite Frage: Auf welcher Insel lebte Robinson?«

»Auf Crusoe!« stieß ich aufgeregt hervor. Ich wußte sofort, daß es falsch war.
»Auf Masatierra in der Gruppe der Fernandez-Inseln«, wurde ich belehrt.
»Jetzt eine dritte und leichte Frage: Was ist eine Tonsur?«
Ich deutete auf meinen Kopf. »Das, was ich da oben habe!«
»Nein, Sie haben eine ganz gewöhnliche Glatze!« sagte das schöne Mädchen und erhob sich. »Ich kann mich im Moment noch nicht entscheiden – ich treffe meine Entscheidung schriftlich – Ihre Adresse habe ich notiert – Sie hören von mir –.« Draußen war sie. Ich aber saß da, aller Hoffnung beraubt, und engagierte die Nächstbeste, für die die »Blaue Grotte« ein Bierlokal war, die mit der Orthographie in bitterer Feindschaft lebte und die alle Minuten in mein Zimmer kam, weil sie ihr eigenes Stenogramm nicht lesen konnte.

Dazu einige Anregungen:
Diese kleine Geschichte ist eigentlich schon eine Spielszene. Wir müssen uns nur überlegen, wie wir sie am besten beginnen lassen und wie wir sie beenden. Eine Möglichkeit: Der Herr Direktor bekommt Besuch von einem alten Freund. Der wundert sich, daß ihn im Vorzimmer die ihm bekannte Sekretärin nicht begrüßt hat und dafür dort vier hübsche junge Damen warten. – Jetzt hat der Herr Direktor Gelegenheit, kurz die Sachlage zu schildern. Er bittet den Freund, bei der nun beginnenden Kür der neuen Chefsekretärin dabeizubleiben. Dann läuft das Geschehen entsprechend der Textvorlage. Auch hier sollten wir wieder die einzelnen Gags gut ausspielen lassen und die Pausen nicht vergessen. – Und der Schluß? – Da könnte man die Szene abschließen, wenn die dritte Bewerberin, die den Herrn Direktor zum Bewerber gemacht hat, hoheitsvoll hinausschwebt; dann müßte man jedoch der Spielszene einen anderen Titel geben. Man kann aber auch den völlig demoralisierten Chef seinen Freund bitten lassen: »Sagtest du nicht, daß vier junge

Damen draußen warten? – Bitte – engagiere die vierte ab morgen. Ich will sie gar nicht vorher sehen, und es soll mir Wurst sein, ob sie die ›Blaue Grotte‹ für ein Bierlokal oder einen neuen Hit hält.« –

Das Büro ist einfach anzudeuten. Spielen wir vor Zuschauern, sollten die drei Sekretärinnen natürlich entsprechend aufgemacht sein. Die Mädchen werden sich da schon etwas einfallen lassen.

Den Titel der kleinen Szene kann man natürlich nach Belieben verändern. Wie wäre es mit »Allgemeinbildung«?[11])

Beispieltext 3[12])

PLATZKARTEN. Von Inge Meidinger-Geise

Der lange Zug, der bis jetzt in der Sonne vor sich hinschwitzte, scheint anzurucken. Jedenfalls sehen wir, die wir still im Abteil auf die Abfahrt warten, uns nunmehr verstört an. Der Gang dröhnt. Das Dröhnen wirft, obwohl man noch niemanden vor der Tür bemerkt, eine kräftige, überdeutliche Stimme an die Scheiben:

»Emmi – das ist Wagen neun! Platz Nummer dreiundvierzig, fünfundvierzig, siebenundvierzig...«

Für Augenblicke ist es danach ganz ruhig. Wir sinken in uns und lauern, wir schielen am Kopf unseres Gegenübers nach den Platzschildern, niemand atmet hörbar.

»Emmi – sei still – mich interessiert jetzt nur, wo unsere Plätze – ahh!«

Es schmettert dicht bei uns, ein dicker Schatten nähert sich unserer Tür, reißt sie auf, Zugluft packt uns, es ruft: »Aha – hier! In Ordnung!« Wir sehen einen Mann im grauen Anzug; er stellt seinen Koffer schnaufend zwischen uns. Wir ziehen die Beine ein, nicken höflich einen guten Tag und schütteln darauf sogleich die Köpfe: Hier ist kein Platz mehr frei.

»Das habe ich geahnt«, sagte der Mann schneidend leise. Über

seine Schulter zirpte es: »Herbert, bitte...«
»Erster Ferientag, natürlich proppenvoll der Zug, und jeder sitzt, wo er kann«, steigert sich das männliche Tremolo.
»Herbert, ich meine...«
»Du meinst Überflüssiges, hier muß man wachsam sein«, gewinnt die Stimme Herberts an Wucht. Ein stechender Blick an unseren Köpfen vorbei, es wird abgezählt: »Dreiundvierzig, fünfundvierzig, siebenundvierzig...« Unsichtbar bleibt, wer da kräht: »Auf die Plätze, fertig, los!« Der Mann schmunzelt süßsauer, er wischt sich den Schweiß vom Nacken. »Also bitte, meine Herrschaften, das Kind wird schon ungeduldig, bitte, hier sitzen wir! Platzkarten – jawohl!«
»Zeigen Sie mal!« sagt mein Gegenüber, der auf Platz Nummer dreiundvierzig sitzt.
»Herbert«, zirpt es, »höre doch...«
»Ich denke nicht daran«, schreit er. Der Zug ruckelt ein bißchen, draußen zeigt die Uhr zwei Minuten vor Abfahrt. Herbert mit dem großen Koffer strafft sich. »Hier sind unsere Plätze laut Karten, hier bleiben wir! Räumen Sie gefälligst den Sitz!«
Die Dame auf siebenundvierzig schluckt nervös und hält dann (es erinnert an die Preisrichter bei den Eislaufmeisterschaften) steil ein papiernes Viereck hoch. »Sie irren! Ich sitze richtig! Siebenundvierzig – siebenundvierzig!« Die Dame dreht den Kopf schräg auf und nickt nach hinten, dem Nummernschildchen zu, dann senkt sie hackend die Nase auf das Papier, das sie nun in der auf dem Knie ruhenden Hand hält.
»Das ist Betrug«, sagte Herbert laut und langsam, er fingert in seiner Jackentasche. Emmi tippt ihm auf die Schulter.
»Wir müssen hier raus!« Der Sohn schreit: »Wir fahren!« Und in der Tat gleitet mit dumpfem Antriebsseufzer der Zug aus dem Bahnhof. »Dreiundvierzig, fünfundvierzig, siebenundvierzig«, sagt Herbert und hält drei Platzkarten wie Skatblätter aufreizend in der Hand, mustert uns alle wie jämmerliche Falschspieler. »Ich habe recht!«
Sie zücken, meine drei Gegenüber, ebenfalls ihre Karten und rufen mit erhobener Stimme: »Dreiundvierzig, fünfundvierzig, siebenundvierzig!«
»Ich habe Plätze gefunden!« Der Sohn kräht es ins Abteil, pufft

den schwitzenden Vater, der aber beschließt: »Ich bleibe hier, wir wollen doch mal sehen...«

»Herbert, dieser Zug fährt doch nach Norddeich!« sagt Emmi mutig. Herbert dreht sich um, daß er fast auf den Koffer zu sitzen kommt, der unsere Beine immer noch zur Unbeweglichkeit zwingt. »Wir wollen nach Garmisch!« schreit Herbert. »Wir sind im falschen Zug«, erklärt Emmi sanft, es geht in Herberts heulendem Zorn unter. »Da kauft man Platzkarten, da will man ruhig und bequem in die Ferien fahren – und dann stimmt nichts, der Zug nicht, die Karten nicht...«

»Gehen sie nun hier endlich wieder raus?« fragt die Dame von siebenundvierzig.

»Ich will den Schaffner sprechen«, antwortete Herbert, bleibt samt dem Koffer in unserer Mitte, fleischgewordene Ferienbesessenheit. Emmi reicht ihm aus ihrem Gepäck eine Flasche. »Kalter Kaffee! Bitte!« Das bringt die Dame von siebenundvierzig zu albernem Lachen.

»Ich sitze!« kräht der Sohn von irgendwo. »Ich darf am Fenster sitzen!«

»Kind, es nützt ja nichts!« ruft Emmi.

Der hinzutretende Schaffner schüttelt den Kopf. Er sieht mit beamtischer Gründlichkeit auf Herberts Platzkarten, er betrachtet die Sitzenden, er schlägt sein dickes Fahrtenbuch auf, er atmet tief, Schweiß steht ihm auf der Stirn. Er sagt väterlich: »Ich kann Sie nur bis Bremen mitnehmen, dann müssen Sie wieder raus, das ist ja ein ganz großer Irrtum!«

»So was – so was!« steigert Herbert ein letztes Mal seine Stimme. »So was erlaubt sich die Bahn!«

»Die Bahn ist nicht schuld«, sagt der Schaffner.

»Bremen, das geht ja«, zirpt Emmi, »da wohnt ja Mama, da können wir übernachten – und morgen steigen wir in den richtigen Zug!«

»Morgen ist nicht heute! Und Mama ist keine Erholung! Und überhaupt – in Garmisch stehen unsere Betten leer, und wir bezahlen dafür!« Herbert sieht uns richterlich an, dann zerrt er den Koffer aus dem Abteil, stößt dabei gegen das Gangfenster, schreit: »Emmi, steh mir nicht im Wege!« und entgleitet massig. Ein Seufzer trifft uns noch wie Zugwind.

Dazu einige Anregungen:
Das D-Zug-Abteil dürfte mit acht Stühlen (je vier gegenüber) leicht anzudeuten sein. Man sollte sie so stellen, daß jeder der Spieler gut zu sehen ist. Man kann auf alle Requisiten verzichten und diese nur andeuten: die Koffer im Gepäcknetz, Zeitungen, Bücher, Strickzeug. Natürlich schleppt Herbert dann seinen großen Koffer auch nur pantomimisch herein.
Das Warten auf dem Bahnhof läßt sich durch verschiedene kleine Gags deutlich machen. Da werden Zeitungen und Erfrischungen auf dem Bahnsteig ausgerufen, da schleppen Reisende am Gangfenster Koffer vorbei. Vielleicht ist unser Abteil auch noch nicht voll besetzt, und zwei Reisende treten ein, suchen ihre Plätze, vergleichen die Nummern darüber mit den Platzkarten, wuchten die Koffer in das imaginäre Gepäcknetz und setzen sich.
Die Situation kurz vor Abfahrt des Zuges wird gut ausgespielt (stummes Spiel!). Dann nahen Herbert, Emmi und Sohn! Die Dialoge müssen natürlich nicht wörtlich übernommen werden. Sinngemäß sollte man sie aber schon bringen.
Irgendwie sind alle acht Reisenden des Abteils am Spiel zu beteiligen. Wenn der Zug ruckelt, ruckeln sie mit, und wenn er anfährt, wird das physikalische Gesetz vom Beharrungsvermögen auch hier deutlich. Natürlich müssen wir uns über die Fahrtrichtung einigen. Der Höhepunkt ist der Ausspruch von Emmi: »Wir sind im falschen Zug.« Hierauf müssen auch die acht Reisenden reagieren, und das kann sehr unterschiedlich geschehen.
So langsam könnte uns danach der Haustyrann Herbert bald ein bißchen leid tun. Und doch verscherzt er sich unser aufkommendes Mitgefühl wieder, indem er seine Frau anfährt: »Emmi, steh mir nicht im Wege!« – Wie wäre es, wenn das allen Reisenden in unserm Abteil für einen Augenblick die Sprache verschlüge, und dann ein Reisender, der vielleicht noch gar nichts gesagt hat,

trocken feststellte: »Arme Frau!« (oder: »Arme Emmi.«)?
Wenn wir auf einer Bühne mit Beleuchtung spielen, kommt jetzt das »Blackout«, notfalls tut es auch ein Gong.
Die Kostümierung dürfte keine Schwierigkeiten bereiten. Der Schaffner sollte schon etwas bahnamtlich aussehen.

Die Theater-AG stellt sich vor

Es wäre sicher eine Überforderung für unsere Theater-AG, wollten wir mit den Ergebnissen einer halbjährigen Spielarbeit schon vor eine größere Öffentlichkeit treten. Andererseits gehören nun einmal auch zum Schultheater Zuschauer. Unsere Jungen und Mächen, die ein halbes Jahr intensiv und hoffentlich mit zunehmender Freude an der Sache in der AG mitgemacht haben, möchten sich daher auch einmal von anderen in dieser Arbeit ermuntert wissen. Theater braucht Resonanz und Beifall!
Wie wäre es, wenn wir deshalb zum Abschluß des Schulhalbjahrs, vielleicht in der letzten Doppelstunde der AG, ein paar Klassen einlüden, sich einen Ausschnitt aus unserer Spielarbeit anzusehen? Dafür bedürfte es keiner zusätzlichen ›Einstudierung‹. Bringen wir zwei oder drei Stegreifspiele nach Kurzgeschichten, die uns gut gelungen erscheinen, und lockern wir das Programm noch durch Scharaden, vielleicht auch durch Bewegungsimprovisationen und kleine Situationsspiele auf. Achten wir dabei darauf, daß kein Mitglied der AG bei dieser ersten Präsentation passiv bleibt!
Das Ganze sollte zu keiner Staatsaktion werden, und deshalb wäre es kein Unglück, wenn hier und da einmal ein kleiner Schnitzer unterliefe. Mit Sicherheit haben Zuschauer wie Akteure Spaß an der Sache.

Der Erfolg dieser Veranstaltung gibt den Jungen und Mädchen der AG die Bestätigung, daß sie auf dem richtigen Wege sind, und mit diesem ›Aufwind‹ werden sie dann mit noch größerem Engagement die Theaterarbeit im zweiten Schulhalbjahr fortsetzen.

Das zweite Halbjahresvorhaben

Vorbemerkung

Im zweiten Arbeitshalbjahr unserer AG müssen wir uns entscheiden, ob wir uns noch intensiver mit dem Stegreiftheater und anderen Spielimprovisationen beschäftigen möchten, oder ob wir einen vorgegebenen Spieltext auswählen und mit dem Ziel einer Aufführung erarbeiten und gestalten wollen.
Wenn es sich absehen läßt, daß die Arbeitsgemeinschaft auch über das laufende Schuljahr hinaus zusammenbleiben und weiterarbeiten wird (was zu wünschen wäre!), besteht durchaus die Möglichkeit, die hier vorgeschlagenen Alternativprogramme nacheinander zu verwirklichen. Welchem der beiden Vorhaben wir in diesem Falle oder aber bei einer nur für ein Jahr konzipierten Theater-AG den Vorrang einräumen, wird von der besonderen schulischen Situation, den Intentionen des AG-Leiters und nicht zuletzt auch von den Wünschen der Jungen und Mädchen abhängen, die die Arbeitsgemeinschaft bilden. Die Reihenfolge in diesem Buch sollte niemanden in seiner Entscheidung beeinflussen.

Spielimprovisationen

Eine Möglichkeit für die Arbeit der Theater-AG im zweiten Schulhalbjahr

Auch im zweiten Schulhalbjahr gehen wir optimistisch von 18 Doppelstunden aus, die uns für unsere Arbeit zur Verfügung stehen. Wir sehen aber davon ab, unser Angebot – wie im ersten Halbjahr – stundenweise aufzuteilen.

Gewiß wird bei den Gruppen, die nach unseren Vorschlägen gearbeitet haben, der Wunsch bestehen, hier und da noch einmal etwas gründlicher nachzufassen. Rhythmische Übungen und Bewegungsimprovisationen sowie Atem-, Sprech- und Redeübungen sind ohnehin immer erneut anzuwendende Begleitübungen für jede Theaterarbeit. Vielleicht finden unsere AG-Teilnehmer aber auch Freude daran, sich noch intensiver mit Improvisationen nach Reizwörtern und mit Gegenständen, mit Scharaden und mit Entscheidungs-, Rollen- und Situationsspielen zu befassen. Dafür muß dann jede AG schon ihren eigenen Stundenplan aufstellen.

Das *Stegreifspiel* sollte einen gewichtigen Raum in diesem Plan einnehmen. Wir wollen uns jetzt an eine etwas schwierigere Gestaltungsaufgabe heranwagen und dafür etwa fünf bis sechs Doppelstunden ansetzen.

Zur weiteren Ergänzung unserer bisherigen Arbeit empfehlen wir die Beschäftigung mit dem *Maskenspiel* (etwa drei Doppelstunden) und dem *Menschenschattenspiel* (drei bis vier Doppelstunden). Und wenn wir für das Schuljahrsende einen *Spielabend vor den Eltern und der Schulgemeinde* wagen wollen (und den Mut dazu sollten wir haben!), müssen wir auch noch zwei bis drei Doppelstunden dafür verwenden, das bereits Erarbeitete zusammenzustellen und noch einmal aufzufrischen.

Selbst wenn man den einen oder anderen der hier aufgeführten Spielbereiche ausklammert und vielleicht erst für das nächste Schuljahr vorsieht, wird es noch genug zu tun geben und kein Leerlauf eintreten. AG-Leiter und AG wissen nach den Erfahrungen des ersten Halbjahres am besten, was sie sich zumuten können.

Ein großes Stegreifspiel für alle

In den letzten Übungsstunden des vergangenen Schulhalbjahres haben wir uns bereits mit Stegreifdramatisierungen befaßt. Ging es dabei aber vor allem um leicht spielbare Kurzgeschichten, so sollten wir uns nun schon ein anspruchsvolleres Vorhaben zumuten. Quellen für gut geeignete Stoffe sind bereits auf S. 57 angeführt. Ergänzend hierzu seien noch ein paar weitere Fundgruben erwähnt:

1. Verschiedene Eulenspiegelgeschichten.
2. Episoden aus Mark Twains »Tom Sawyer« und »Huckleberry Finn«.
3. Weihnachtliche Geschichten von Felix Timmermans (u.a. »Die drei Könige in Flandern«, »Sankt Nikolaus in Not«).
4. Leo N. Tolstois Volkserzählungen (u.a. »Die Osterkerze« und »Wieviel Erde braucht der Mensch?«).
5. Erzählungen von Jack London (u.a. »Die Männer von Forty-Mile«).
6. Erzählungen von Bruno H. Bürgel (hier besonders die Geschichte von einem künstlichen Menschen »Johann der Wunderbare«).
7. Hauffs Märchen (u.a. »Das Wirtshaus im Spessart«) und Andersens Märchen (u.a. »Des Kaisers neue Kleider«).

8. Märchen aus »Tausendundeine Nacht«. – Viele dieser orientalischen Kostbarkeiten sind von verschiedenen Autoren bereits zu anerkannten Textspielen geformt worden. Das schließt jedoch nicht aus, daß sie sich immer wieder in Stegreifinszenierungen bewähren. Da sind u.a. die Märchen »Ali Baba und die vierzig Räuber«, »Aladins Wunderlampe«, »Abdallah der Blinde und Hassan der Seiler« und »Ali Chwadsche und sein Olivenkrug«.

Vielleicht wagen wir uns aber auch einmal an eine der neueren Kurzgeschichten heran. Als Beispiel für eine umfangreichere Stegreifinszenierung sei hier ein Text ausgewählt, der von einem der bedeutendsten Erzähler unserer Zeit stammt[13]).

DIE WAAGE DER BALEKS. Von Heinrich Böll

In der Heimat meines Großvaters lebten die meisten Menschen von der Arbeit in den Flachsbrechen. Seit fünf Generationen atmeten sie den Staub ein, der den zerbrochenen Stengeln entsteigt, ließen sich langsam dahinmorden, geduldige und fröhliche Geschlechter, die Ziegenkäse aßen und Kartoffeln, manchmal ein Kaninchen schlachteten. Abends spannen und strickten sie in ihren Stuben, sangen, tranken Pfefferminztee und waren glücklich. Tagsüber brachen sie den Flachs in altertümlichen Maschinen, schutzlos dem Staub preisgegeben und der Hitze, die den Trockenöfen entströmte...

Die Eltern gingen früh zur Arbeit, den Kindern war der Haushalt überlassen... Kamen die Kinder aus der Schule, mußten sie in die Wälder gehen und – je nach der Jahreszeit – Pilze sammeln und Kräuter: Waldmeister und Thymian, Kümmel und Pfefferminz, auch Fingerhut, und im Sommer, wenn sie das Heu von ihren mageren Wiesen geerntet hatten, sammelten sie die Heublumen. Einen Pfennig gab es fürs Kilo Heublumen, die in der Stadt in den Apotheken für zwanzig Pfennig das Kilo an nervöse Damen verkauft wurden. Kostbar waren die Pilze: Sie brachten zwanzig Pfennig das Kilo und wurden in der Stadt für eine Mark zwanzig gehandelt. Weit in die grüne Dunkelheit der Wälder krochen die Kinder im Herbst, wenn die Feuchtigkeit die Pilze aus dem Boden treibt, und fast jede Familie hatte ihre Plätze, an denen sie Pilze pflückte, Plätze, die von Geschlecht zu Geschlecht weitergeflüstert wurden.

Die Wälder gehörten den Baleks, auch die Flachsbrechen, und die Baleks hatten im Heimatdorf meines Großvaters ein Schloß, und die Frau des Familienvorstandes jeweils hatte neben der Milchküche ein kleines Stübchen, in dem Pilze, Kräuter, Heublumen gewogen und bezahlt wurden. Dort stand auf dem Tisch die große Waage der Baleks, ein altertümliches, verschnörkeltes, mit Goldbronze bemaltes Ding, vor dem die Großeltern meines Großvaters schon gestanden hatten, die Körbchen mit Pilzen, die Papiersäcke mit Heublumen in ihren schmutzigen Kinderhänden, gespannt zusehend, wieviel Gewichte Frau Balek auf die Waage werfen mußte, bis der pendelnde Zeiger genau auf dem schwarzen Strich stand... Dann nahm Frau Balek das große Buch mit dem braunen Lederrücken, trug das Gewicht ein und zahlte das Geld aus, Pfennige oder Groschen und sehr, sehr selten einmal eine Mark. Und als mein Großvater ein Kind war, stand dort ein großes Glas mit sauren Bonbons, von denen, die das Kilo eine Mark kosteten, und wenn die Frau Balek, die damals über das Stübchen herrschte, gut gelaunt war, griff sie in dieses Glas und gab jedem der Kinder ein Bonbon, und die Gesichter der Kinder röteten sich vor Freude...

Eines der Gesetze, die die Baleks dem Dorf gegeben hatten, hieß: Keiner darf eine Waage im Hause haben. Das Gesetz war schon so alt, daß keiner mehr darüber nachdachte, wann und warum es entstanden war, und es mußte geachtet werden; denn wer es brach, wurde aus den Flachsbrechen entlassen, dem wurden keine Pilze, kein Thymian, keine Heublumen mehr abgenommen, und die Macht der Baleks reichte so weit, daß auch in den Nachbardörfern niemand ihm Arbeit gab, niemand ihm die Kräuter des Waldes abkaufte... Und im übrigen machte die altertümliche... Waage der Baleks nicht den Eindruck, als könne sie nicht stimmen, und fünf Geschlechter hatten dem auspendelnden Zeiger anvertraut, was sie mit kindlichem Eifer im Walde gesammelt hatten...

Mein Großvater war der erste, der kühn genug war, die Gerechtigkeit der Baleks zu prüfen... Mein Großvater war fleißig und klug: Er kroch weiter in die Wälder hinein, als vor ihm Kinder seiner Sippe gekrochen waren... Er drang weit in das Dickicht vor, schon als Knabe, brachte große Beute an Pilzen mit, fand sogar Trüffeln, die Frau Balek mit dreißig Pfennig das Pfund berechnete. Mein Großvater trug alles, was er den Baleks brachte, auf die Rückseite eines Kalenderblattes ein: jedes Pfund Pilze, jedes Gramm Thymian, und mit seiner Kinderschrift schrieb er rechts daneben, was er dafür bekommen hatte; jeden Pfennig kritzelte er hin, von seinem siebten bis zu seinem zwölften Jahr, und als er zwölf war, kam das Jahr 1900, und die Baleks schenkten jeder Familie im Dorf, weil der Kaiser sie geadelt hatte, ein Viertelpfund echten Kaffee, von dem, der aus Brasilien kommt; es gab auch Freibier und Tabak für die Männer, und im Schloß fand ein großes Fest statt... Aber am Tage vor dem Fest schon wurde der Kaffee ausgegeben in der kleinen Stube, in der seit fast hundert Jahren die Waage der Baleks stand, die jetzt Balek von Bilgan hießen, weil der Sage nach Bilgan der Riese dort ein großes Schloß gehabt haben soll, wo die Gebäude der Baleks stehen.

Mein Großvater hat mir oft erzählt, wie er nach der Schule dorthin ging, um den Kaffee für vier Familien abzuholen: für die Cechs, die Beidlers, die Vohlas und für seine eigene, die Brüchers. Es war der Nachmittag vor Silvester: Die Stuben mußten geschmückt, es mußte gebacken werden, und man wollte nicht vier Jungen entbehren, jeden einzeln den Weg ins Schloß machen lassen, um ein Viertelpfund Kaffee zu holen.

Und so saß mein Großvater auf der kleinen schmalen Holzbank im Stübchen, ließ sich von Gertrud, der Magd, die fertigen Achtelkilopakete Kaffee vorzählen, vier Stück, und blickte auf die Waage, auf deren linker Schale der Halbkilostein liegengeblieben war; Frau Balek von Bilgan war mit den Vorbereitungen fürs Fest beschäftigt. Und als Gertrud nun in das Glas mit den sauren Bonbons greifen wollte, um meinem Großvater eines zu geben, stellte sie fest, daß es leer war: Es wurde jährlich einmal neu gefüllt, faßte ein Kilo von denen zu einer Mark.

Gertrud lachte, sagte: »Warte, ich hole die neuen«, und mein Großvater blieb mit den vier Achtelkilopaketen, die in der Fabrik verpackt und verklebt waren, vor der Waage stehen, auf der jemand den Halbkilostein liegengelassen hatte, und mein Großvater nahm die vier Kaffeepaketchen, legte sie auf die leere Waagschale, und sein Herz klopfte heftig, als er sah, wie der schwarze Zeiger der Gerechtigkeit links neben dem Strich hängenblieb, die Schale mit dem Halbkilostein unten blieb und das halbe Kilo Kaffee ziemlich hoch in der Luft schwebte; sein Herz klopfte heftiger, als wenn er im Walde hinter einem Strauch gelegen, auf Bilgan, den Riesen, gewartet hätte, und er suchte aus seiner Tasche Kieselsteine, wie er sie immer bei sich trug, um mit der Schleuder nach den Spatzen zu schießen, die an den Kohlpflanzen seiner Mutter herumpickten – drei, vier, fünf Kieselsteine mußte er neben die vier Kaffeepakete legen, bis die Schale mit dem Halbkilostein sich hob und der Zeiger endlich scharf über dem schwarzen Strich lag. Mein Großvater nahm den Kaffee von der Waage, wickelte die fünf Kieselsteine in sein Sacktuch, und als Gertrud mit der großen Kilotüte voll saurer Bonbons kam, die wieder für ein Jahr reichen mußten, um die Röte der Freude in die Gesichter der Kinder zu treiben, als Gertrud die Bonbons rasselnd ins Glas schüttete, stand der kleine blasse Bursche da, und nichts schien sich verändert zu haben. Mein Großvater nahm nur drei von den Paketen, und Gertrud blickte erstaunt und erschreckt auf den blassen Jungen, der den sauren Bonbon auf die Erde warf, ihn zertrat und sagte: »Ich will Frau Balek sprechen.« »Balek von Bilgan, bitte«, sagte Gertrud.

»Gut, Frau Balek von Bilgan«, aber Gertrud lachte ihn aus, und er ging im Dunkeln ins Dorf zurück, brachte den Cechs, den Beidlers, den Vohlas ihren Kaffee und gab vor, er müsse noch zum Pfarrer.

Aber er ging mit seinen fünf Kieselsteinen im Sacktuch in die dunkle Nacht. Er mußte weit gehen, bis er jemand fand, der eine Waage hatte, eine haben durfte: In den Dörfern Blaugau und Bernau hatte niemand eine, das wußte er, und er schritt durch sie hindurch, bis er nach zweistündigem Marsch in das kleine Städtchen Dielheim kam, wo der Apotheker Honig wohnte. Aus Honigs Haus kam der Geruch frischgebackener Pfannekuchen, und Honigs Atem, als er dem verfrorenen Jungen öffnete, roch schon nach Punsch, und er hatte die nasse Zigarre zwischen den schmalen Lippen, hielt die kalten Hände des Jungen einen Augenblick fest und sagte: »Na, ist es schlimmer geworden mit der Lunge deines Vaters?«

»Nein, ich komme nicht um Medizin, ich wollte…« Mein Großvater nestelte sein Sacktuch auf, nahm die fünf Kieselsteine heraus, hielt sie Honig hin und sagte: »Ich wollte das gewogen haben.« Er blickte ängstlich in Honigs Gesicht, aber als Honig nichts sagte, nicht zornig wurde, auch nicht fragte, sagte mein Großvater: »Es ist das, was an der Gerechtigkeit fehlt«, und mein Großvater spürte jetzt, als er in die warme Stube kam, wie naß seine Füße waren. Der Schnee war durch die schlechten Schuhe gedrungen, und im Wald hatten die Zweige den Schnee über ihn geschüttelt, der jetzt schmolz, und er war müde und hungrig und fing plötzlich an zu weinen, weil ihm die vielen Pilze einfielen, die Kräuter, die Blumen, die auf der Waage gewogen worden waren, an der das Gewicht von fünf Kieselsteinen an der Gerechtigkeit fehlte. Und als Honig, den Kopf schüttelnd, die fünf Kieselsteine in der Hand, seine Frau rief, fielen meinem Großvater die Geschlechter seiner Eltern, seiner Großeltern ein, die alle ihre Pilze, ihre Blumen auf der Waage hatten wiegen lassen müssen, und es kam über ihn wie eine große Woge der Ungerechtigkeit, und er fing noch heftiger an zu weinen, setzte sich, ohne dazu aufgefordert zu sein, auf einen der Stühle in Honigs Stube, übersah den Pfannekuchen, die heiße Tasse Kaffee, die die gute und dicke Frau Honig ihm vorsetzte, und hörte erst auf zu weinen, als Honig selbst aus dem Laden vorne zurückkam und, die Kieselsteine in der Hand schüttelnd, leise zu seiner Frau sagte: „Fünfeinhalb Deka, genau.«

Mein Großvater ging zwei Stunden durch den Wald zurück, ließ sich prügeln zu Hause, schwieg, als er nach dem Kaffee gefragt wurde, sagte kein Wort, rechnete den ganzen Abend an seinem Zettel herum, auf dem er alles notiert hatte, was er der jetzigen Frau Balek geliefert hatte, und als es Mitternacht schlug, vom Schloß die Böller zu hören waren, im ganzen Dorf das Geschrei, das Klappern der Rasseln erklang, als die Familie sich geküßt, sich umarmt hatte, sagte er in das folgende Schweigen hinein: »Baleks schulden mir achtzehn Mark und zweiunddreißig Pfennig.« Und wieder dachte er an die vielen Kinder, die es im Dorf gab, dachte an seinen Bruder Fritz, der viele Pilze gesammelt hatte, an seine

Schwester Ludmilla, dachte an die vielen hundert Kinder, die alle für die Baleks Pilze gesammelt hatten, Kräuter und Blumen, und er weinte diesmal nicht, sondern erzählte seinen Eltern, seinen Geschwistern von seiner Entdeckung.

Als die Baleks von Bilgan am Neujahrstage zum Hochamt in die Kirche kamen, das neue Wappen – einen Riesen, der unter einer Fichte kauert – schon in Blau und Gold auf ihrem Wagen, blickten sie in die harten und blassen Gesichter der Leute, die alle auf sie starrten. Sie hatten im Dorf Girlanden erwartet, am Morgen ein Ständchen, Hochrufe und Heilrufe, aber das Dorf war wie ausgestorben gewesen, als sie hindurchfuhren, und in der Kirche wandten sich die Gesichter der blassen Leute ihnen zu, stumm und feindlich, und als der Pfarrer auf die Kanzel stieg, um die Festpredigt zu halten, spürte er die Kälte der sonst so friedlichen und stillen Gesichter, und er stoppelte mühsam seine Predigt herunter und ging schweißtriefend zum Altar zurück. Und als die Baleks von Bilgan nach der Messe die Kirche wieder verließen, gingen sie durch ein Spalier stummer, blasser Gesichter. Die junge Frau Balek von Bilgan aber blieb vorne bei den Kinderbänken stehen, suchte das Gesicht meines Großvaters, des kleinen, blassen Franz Brücher, und fragte ihn in der Kirche: »Warum hast du den Kaffee für deine Mutter nicht mitgenommen?«, und mein Großvater stand auf und sagte: »Weil Sie mir noch so viel Geld schulden, wie fünf Kilo Kaffee kosten«, und er zog die fünf Kieselsteine aus seiner Tasche, hielt sie der jungen Frau hin und sagte: »So viel, fünfeinhalb Deka, fehlen auf ein halbes Kilo an Ihrer Gerechtigkeit.« Und noch ehe die Frau etwas sagen konnte, stimmten die Männer und Frauen in der Kirche das Lied an: »Gerechtigkeit der Erden, o Herr, hat Dich getötet...«

Während die Baleks in der Kirche waren, war Wilhelm Vohla, der Wilderer, in das kleine Stübchen eingedrungen, hatte die Waage gestohlen und das große, dicke, in Leder eingebundene Buch, in dem jedes Kilo Pilze, jedes Kilo Heublumen, alles eingetragen war, was von den Baleks im Dorf gekauft worden war. Und den ganzen Nachmittag des Neujahrstages saßen die Männer des Dorfes in der Stube meiner Urgroßeltern und rechneten, rechneten ein Zehntel von allem, was gekauft worden – aber als sie schon viele tausend Taler errechnet hatten und noch immer nicht zu Ende waren, kamen die Gendarmen des Bezirkshauptmanns, drangen schießend und stechend in die Stube meines Urgroßvaters ein und holten mit Gewalt die Waage und das Buch heraus. Die Schwester meines Großvaters wurde getötet dabei, die kleine Ludmilla, ein paar Männer verletzt, und einer der Gendarmen wurde von Wilhelm Vohla, dem Wilderer, erstochen.

Es gab Aufruhr, nicht nur in unserem Dorf, auch in Blaugau und Bernau, und fast eine Woche lang ruhte die Arbeit in den Flachsfabriken. Aber es kamen sehr viele Gendarmen, und die Männer und Frauen wurden mit Gefängnis bedroht, und die Baleks zwangen den Pfarrer, öffentlich in der Schule die Waage vorzuführen und zu beweisen, daß der Zeiger der Gerechtigkeit richtig auspendelte. Und die Männer und Frauen gingen wieder in die Flachsbrechen – aber niemand ging in die Schule, um dem Pfarrer zuzusehen: Er stand ganz allein da, hilflos und traurig mit seinen Gewichtssteinen, der Waage und den Kaffeetüten. Und die Kinder sammelten wieder Pilze, sammelten wieder Thymian, Blumen und Fingerhut, aber jeden Sonntag wurde in der Kirche, sobald die Baleks sie betraten, das Lied angestimmt: »Gerechtigkeit der Erden, o Herr, hat Dich getötet«, bis der Bezirkshauptmann in allen Dörfern austrommeln ließ, das Singen dieses Liedes sei verboten.

Die Eltern meines Großvaters mußten das Dorf verlassen, das frische Grab ihrer kleinen Tochter, sie wurden Korbflechter, blieben an keinem Ort lange, weil es sie schmerzte, zuzusehen, wie in allen Orten das Pendel der Gerechtigkeit falsch ausschlug. Sie zogen hinter dem Wagen, der langsam über die Landstraße kroch, ihre magere Ziege mit, und wer an dem Wagen vorbeikam, konnte manchmal hören, wie drinnen gesungen wurde: »Gerechtigkeit der Erden, o Herr, hat Dich getötet.« Und wer ihnen zuhören wollte, konnte die Geschichte hören von den Baleks von Bilgan, an deren Gerechtigkeit ein Zehntel fehlte. Aber es hörte ihnen fast niemand zu.

Dazu ein Gestaltungsvorschlag:

Auch für ein größeres und mehrszeniges Stegreifspiel gelten die Überlegungen, wie wir sie bei leicht spielbaren Kurzgeschichten angestellt haben (S. 57f.). Bei dem folgenden Vorschlag für Spielgerüst und Regiekonzeption für »Die Waage der Baleks« handelt es sich nur um *eine* Gestaltungsmöglichkeit, die keinen absoluten Gültigkeitsanspruch erhebt und von jeder Spielgruppe individuell verändert werden sollte.

Szenische Gliederung: Da der eigentliche dramatische Kern der Erzählung in eine recht ausführliche Einleitung und einen entsprechenden Schluß eingekleidet ist, empfiehlt es sich, die handlungsreicheren Szenen durch mehr erzählende Rahmenszenen zu ergänzen. Dann könnte sich etwa folgender Ablauf ergeben:

Rahmenszene 1
Auf einer Vorbühne oder im Vordergrund der Bühne rechts sitzt der Großvater an einem kleinen Tisch. Zwei Enkel kommen mit einem Korb voll Pilzen und zeigen sie ihm. Daraus entwickelt sich ein Gespräch über die Zeit, in der der Großvater in seiner Heimat Pilze, Kräuter und Sommerblumen für die Baleks gesammelt hat. Dabei ist darauf zu achten, daß der Großvater keine langen Monologe hält, sondern das für das Verstehen der Haupthandlung notwendige Hintergrundwissen im Frage-Antwort-Dialog entwickelt wird. Zum Schluß zieht der Großvater einen kleinen Lederbeutel aus der Tasche und läßt daraus fünf Kieselsteine in die Hände eines der Enkel gleiten. Auf die Frage, was die Steine zu bedeuten hätten, berichtet er, wie ihn seine Mutter am Nachmittag vor Silvester ins Schloß geschickt hat: »Niemand ahnte, was das für Folgen haben würde.« –

Erste Szene
Kleine Kammer im Schloß der Baleks.
In der Mitte ein langer Tisch. Auf dem Tisch steht die große (gleicharmige) Waage. Die linke Schale, auf der der Gewichts-

stein liegt, hängt tief herunter. Neben der Waage steht ein leeres Bonbonglas. Die Kaffeepäckchen befinden sich in einem großen Karton. Auf der rechten Bühnenseite steht eine einfache Holzbank für die auf Abfertigung Wartenden. Außer dem kleinen Franz sitzen oder stehen einige Frauen vor dem Tisch und warten auf das Kaffeegeschenk. Die Magd Gertrud fertigt sie ab. Diese Szene kann etwas ausgeweitet werden, indem die Frauen Gertrud über die »gnädigen Herrschaften« ausfragen, zum Beispiel:

- Warum sie jetzt Balek von Bilgan heißen.
- Wie das große Ereignis im Schloß gefeiert wird.
- Wer alles zum Fest eingeladen ist.
- Wann die Männer Tabak und Freibier bekommen usw.

Gertrud kommt sich beim Beantworten der Fragen sehr wichtig vor, sie erzählt u. a.

- daß der Adelstitel an den Riesen Bilgan erinnert, der hier ein großes Schloß gehabt haben soll,
- daß der Riese auch in dem neuen blau-goldenen Wappen der Herrschaften zu sehen sei,
- daß alle vornehmen Leute von weit und breit eingeladen wären,
- daß ein Ochse und mehrere Spanferkel am Spieß gebraten würden,
- daß man sich die teuersten Weine vom Rhein und aus Frankreich habe schicken lassen,
- daß der Kaffee aus Brasilien stamme und die in Hamburg verpackten schönen Achtelkilopakete ein besonderes Geschenk für die Frauen im Dorf wären,
- daß die Männer am Neujahrsmorgen nach der Kirche Freibier und Tabak bekämen usw.

Mit »Vielen Dank!«, »Vergelt's Gott!« und Neujahrswünschen gehen die Frauen nach und nach ab. Zuletzt sitzt noch Franz auf der Bank, der geduldig gewartet hat. Dann spielt sich die weitere Szene in Anlehnung an den Text ab. Sehr deutlich muß das Wiegen mit den vier Achtelkilopaketen herauskommen.

Rahmenszene 2
Der Großvater erzählt, wie ihm damals schlagartig die Erkenntnis von dem Betrug der Baleks gekommen sei. Im Frage-Antwort-Dialog erfahren wir von seinem zweistündigen Marsch durch den nächtlichen Winterwald nach Dielheim zum Apotheker Honig.

Zweite Szene
Stube bei Apotheker Honig. Auf dem Tisch stehen Kaffee, Pfannkuchen und Punsch. Die Szene spielt sich weitgehend in Anlehnung an den Text ab. Allerdings bringt Honig den Jungen gleich in die Stube, damit er sich etwas aufwärmen kann. Erst dann beginnt der Dialog, an dem sich später die hinzukommende mütterlich-besorgte Apothekersfrau beteiligt. Am Schluß wird ganz deutlich: fünfeinhalb Deka, also 55 Gramm, fehlen bei jedem halben Kilogramm »an der Gerechtigkeit«. Franz verrät aber nicht, welche Bewandtnis es mit den fünf Kieselsteinen hat. Wenn er wieder in die Nacht hinausgestürmt ist, kann die Szene mit der Vermutung enden, die Honig seiner Frau gegenüber ausspricht: »Ich glaube, der Junge ist einem ganz schäbigen Betrug auf die Spur gekommen. Pfui über die Baleks, wenn das stimmt!«

Rahmenszene 3
Im Gespräch zwischen Großvater und Enkeln hören wir von dem Rückweg des kleinen Franz durch den Wald, von den

Prügeln, die er ohne Widerspruch empfing, und von seiner Rechnung, die er in einem stillen Winkel des Hauses aufstellte und mit der er kurz vor Mitternacht vor die Familie trat.

Dritte Szene

Stube bei Familie Brücher. Die Eltern und die Geschwister Fritz und Ludmilla sitzen am Tisch und unterhalten sich über das seltsame Verhalten von Franz. Die Mutter zetert über den fehlenden Kaffee, auf den sie sich so gefreut hat. Da ertönen Böller, Klappern, Rasseln und Geschrei in der Ferne (Recorder!). Man steht auf, umarmt sich, wünscht sich ein gutes und gesundes Jahr 1900. Plötzlich ist auch Franz da mit seinem Ausspruch: »Baleks schulden mir achtzehn Mark und zweiunddreißig Pfennig!« Nun kommt es zu einem lebhaften Dialog. Franz berichtet von seiner Entdeckung. Große Empörung! Die Mutter meint, daß ihr jetzt der Kaffee von den Baleks gallebitter schmecken würde, und der Vater wird auch keinen Tabak und kein Freibier von den »Leuteschindern« annehmen. Er wird morgen noch vor dem Hochamt den anderen Familien im Dorf von dem Betrug berichten.

Rahmenszene 4

Der Großvater erzählt von dem Neujahrsmorgen, an dem die Baleks auf die sichtbare Ablehnung des ganzen Dorfes stießen: »Und als sie nach der Messe die Kirche wieder verließen, gingen sie durch ein Spalier stummer, blasser Gesichter.«

Vierte Szene

In der Kirche (nur angedeutet). Ein paar einfache Bänke. Vorn sitzen Kinder, darunter Franz, Fritz und Ludmilla. Orgelausklang, Glockenläuten (Recorder!). Von links kommen Herr und

Frau Balek von Bilgan. Vor Franz bleiben sie stehen. Jetzt spielt sich die Szene entsprechend dem Text ab. Auf die fassungslose Frage von Frau Balek: »Aber wieso… woher weißt du…?« singen alle[14]):

16. Jh.

Empört über so viel Unbotmäßigkeit, ruft Herr Balek von Bilgan: »Was soll das? Hört auf mit dem Singen, Leute!« Aber die Gemeinde kümmert sich nicht darum, und während alle mit besonderer Betonung die nächste Strophe singen, gehen die Baleks langsam ab.

Gemeinde:

Bleibt hier viel Böses unbestraft,
viel Gutes unbelohnet,
so kommt ein Tag der Rechenschaft,
der keines Sünders schonet.
Da stellest Du ins hellste Licht,
wie recht und billig Dein Gericht;
dann triumphiert der Fromme.

Rahmenszene 5

Vom Großvater erfahren die Enkel, daß der Wilderer Wilhelm Vohla während des Gottesdienstes in die Warenkammer im Schloß eingedrungen sei und die Waage gestohlen habe, ebenso das große, dicke, in Leder eingebundene Buch, in das alles Sammelgut, das die Baleks seit fast einem Jahrhundert gekauft hatten, eingetragen gewesen wäre: »Den ganzen Nachmittag saßen dann die Männer in unserer Stube und rechneten.«

Fünfte Szene

Stube bei Familie Brücher. Auf dem Tisch steht die Waage der Baleks, aufgeschlagen liegt das alte Buch. Vater Brücher, Wilhelm Vohla, zwei oder drei weitere Männer und Franz sitzen oder stehen am Tisch und rechnen. Der Dialog geht um die Summe, die die Baleks den einzelnen Familien des Dorfes, den Cechs, Biedlers, Vohlas, Brüchers und anderen seit Generationen schulden, und wieviel das insgesamt ist. Vater Brücher hat eine Liste aufgestellt. Bis zum Jahre 1889 kommt er auf eine Gesamtschuld von mehr als 9000 Taler. Da stürzt Ludmilla herein: »Leute, die Gendarmen!« – Die Männer wollen die Waage und das dicke Buch verstecken, doch schon stürmen drei Gendarmen in die Stube. Jetzt kommt es zu einem erregten Wortwechsel. Ein Gendarm verliest den Haftbefehl gegen Wilhelm Vohla. In dem Handgemenge, das sich nun entwickelt, gelingt es diesem, zu entkommen. Die Gendarmen laufen hinter ihm her. Hinter der Bühne fallen ein paar Schüsse. Vater Brücher und die anderen stehen wie versteinert. Verzweifelt wankt Mutter Brücher herein und läßt sich auf einen Stuhl fallen: »Das Mädchen ist getroffen. – Ich glaub, sie ist tot!«

Rahmenszene 6

In der letzten Rahmenszene erfahren wir vom tragischen Ausgang der Empörung gegen die Baleks und von der weiteren Unterdrückung der Bevölkerung. Vielleicht könnte man damit schließen, daß die Enkel den Großvater fragen, ob die fünf Kieselsteine wirklich noch die ›echten‹ von damals seien, und er das bejaht. Er habe sie als einen kostbaren Besitz immer mit sich geführt, und seine Enkel sollten sie später auch in Ehren halten und sich stets dafür einsetzen, daß niemals etwas »an der Gerechtigkeit fehlen« dürfe, auch nicht das Gewicht dieser Steine – etwas mehr als ein Zehntel von fünfhundert Gramm.

Personen der Handlung
In den Rahmenszenen:
Der Großvater – Der Enkel – Die Enkelin
In den Spielszenen:
Herr Balek von Bilgan – Frau Balek von Bilgan – Gertrud, Magd der Baleks – Apotheker Honig – Frau Honig – Vater Brücher – Mutter Brücher – Franz – Fritz – Ludmilla – drei Gendarmen – Wilhelm Vohla – Männer, Frauen, Kinder

Spielraum: Das Stegreifspiel ist auf jeder Bühne oder jedem Podium spielbar. Wo auch immer wir spielen, sollten wir den ganzen uns zur Verfügung stehenden Raum nutzen. Der Bewegungsregie kommt besonders in der vierten Szene eine besondere Bedeutung zu.
Die drei Spieler der Rahmenszenen bleiben während des ganzen Spiels auf ihren Plätzen. Bei den Rahmenszenen sollten sie hell beleuchtet werden, bei den Spielszenen wird von ihnen die Beleuchtung ganz weggenommen.

Bühnenbild und Kostümierung: Das Bühnenbild ist mit einfachsten Mitteln anzudeuten. Notfalls kommt man mit den erwähnten Tischen, Stühlen und Bänken aus. Auch die Kostümierung dürfte kaum Schwierigkeiten bereiten.

Maske und Theater

Die Verhüllung des Gesichts durch eine andere, oft groteske Gesichtsform ist so alt wie die Kulturgeschichte der Menschheit. Schon aus der vorgeschichtlichen Zeit gab es Darstellungen von Masken. So finden wir in der Kunst der Altsteinzeit Abbildungen von Menschen mit Tiermasken. Religiöse Maskentänze sind älter als das Theater und haben es stark beeinflußt. In allen Kulturbereichen wurde die Maske zum ersten Theaterrequisit. Seit Urzeiten hatten die Masken eine hohe kultische Bedeutung, und das wirkt noch heute im Mummenschanz und in den Maskenumzügen der Fastnachtslandschaften nach.
Mit der Kunst der Maskenherstellung und des Maskenspiels könnte sich eine Arbeitsgemeinschaft ein ganzes Schuljahr und länger befassen. Für unsere Theater-AG kann die Beschäftigung mit Masken jedoch nur eine Episode sein. Vielleicht läßt es sich einrichten, daß sie gerade in die Faschingszeit fällt.

Herstellung von Masken

Masken können auf sehr verschiedene Art hergestellt werden. Es gibt recht schwierige, aber auch einfache Möglichkeiten. Vielleicht lassen sich unsere Masken im Unterricht der Kunsterziehung anfertigen. Das brächte eine zeitliche Entlastung für die Theater-AG. Die Kunsterzieher haben gewiß ihre eigenen Erfahrungen mit Masken. Für alle Fälle – auch für die Maskenherstellung innerhalb der Übungsstunden unserer AG – folgt hier eine Anleitung für ein sehr einfaches Verfahren[15]):

Masken sollen das menschliche Gesicht verdecken und verändern. Sie dürfen komisch, grotesk, unwirklich und erschreckend wirken, sollen aber nicht ekelerregend sein. Bei ihrer Herstellung haben wir alle Freiheiten, der Phantasie Raum zu geben, und je mehr wir uns von der naturhaften Darstellung lösen, um so wirkungsvoller werden sie sein. Das Gesichtsbild kann stark vergrößert werden; man schaut dann eventuell durch die ausgeschnittenen Nasenlöcher oder den Mundspalt. Einzelne Gesichtsteile können betont herausgestellt werden. Das ganze Gesicht ist dann nur Mund oder nur Nase. Wenn der Maskenträger viel zu sprechen hat, muß unbedingt ein genügend großer Mundschlitz angebracht werden, da der Sprecher sonst nicht zu verstehen ist.

Material und Werkzeug: Festes weißes Zeichenpapier, Deckfarben, Plaka- oder Leimfarben, Buntpapier, Gummiband, allerlei ›Haarmaterialien‹ wie Bast, Stroh, Wolle, Federn, Hobelspanlocken usw., Alleskleber, eine Schere und ein Papiermesser (evtl. mit Rasierklingen).

Herstellung: Man macht zunächst immer einen Schnitt aus Packpapier, den man beliebig anprobieren kann, um die richtige Größe festzustellen. Ein Stück festes Zeichenpapier von mindestens 30×30 cm Größe wird einmal zusammengefaltet (Abb. I); dann werden Einschnitte für Augen, Nase, Mund und Haar nach Belieben gemacht. Abb. I–III zeigen nur ein Schema; alle schwarzen Flächen fallen heraus. Die Wangen- und Kinnrundung werden durch das Übereinanderkleben an den Einschnittstellen a und b gebildet. Die Zähne sind nachträglich von rückwärts in die Mundöffnung geklebt. Die Haare können angeschnitten werden wie bei Abb. IIc. Die Papierstreifen rollt und ringelt man über einen Scherenrücken. Sie können aber auch ebenso wie Bärte und Augenwimpern als Kontrast aus allerlei anderem Material aufgeklebt werden.

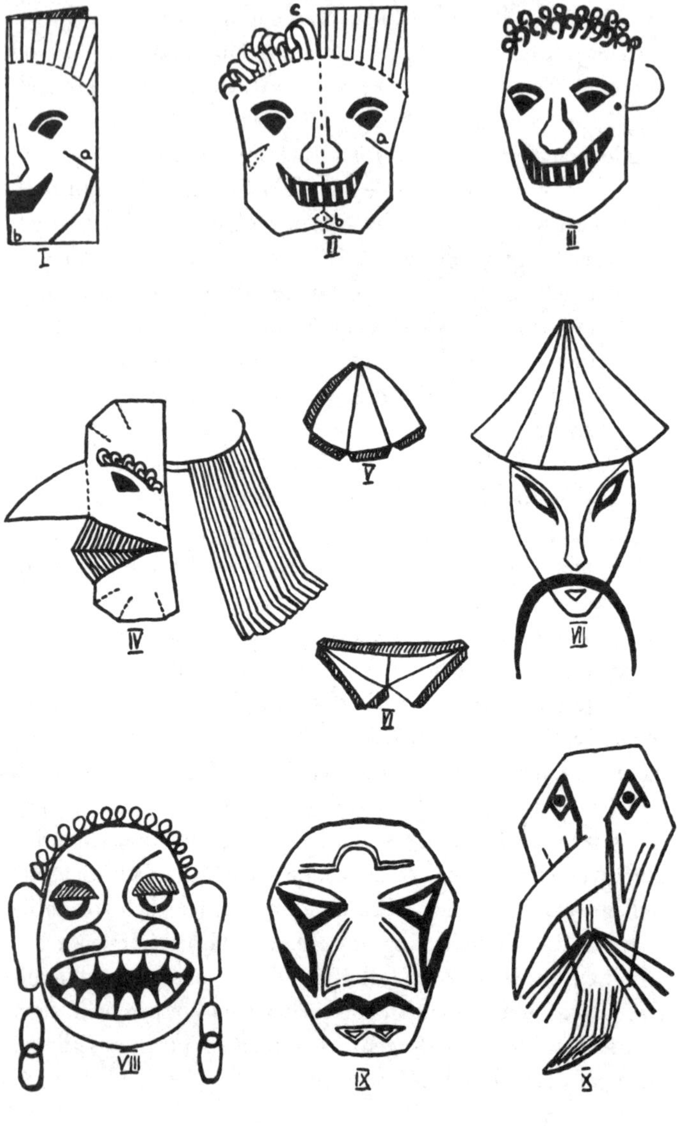
a
b
I
c
a
b
II
III
IV
V
VI
VII
VIII
IX
X

Nasen in jeder Art und Größe stellt man am besten gesondert her (Abb. V) und klebt sie ein; ebenso kann die Mundpartie (Abb. VI) aufgesetzt werden, wenn sie besonders betont sein soll. Klebestreifen immer anschneiden, zusammenkleben mit Alleskleber. Wenn wir einmal mit Schneiden, Falten, Kleben, Aufsetzen und Einsetzen von Nasen, Augen, Mündern und Bärten begonnen haben, werden wir bald selbst merken, welche Fülle von Möglichkeiten sich anbietet. Wir brauchen nur ein wenig Phantasie und Geschick.

Farbige Ausgestaltung: Sie erfolgt durch Anmalen oder Aufkleben von Buntpapier und ist völlig unwirklich. Die grotesken Formen können unterstrichen werden durch besonders leuchtende Farben. Man hüte sich vor zu vielen Farben und kleinlicher Anmalerei, da sonst die Fernwirkung verlorengeht. Es ist gut, beim Anmalen sich ab und zu die Masken aus drei Meter Entfernung anzusehen; man bekommt so einen besseren Gesamteindruck.

Eine originelle Wirkung erzielt man, wenn die Rückseite des Zeichenpapiers vor dem Anstreichen farbig angestrichen wurde, so daß nun beim Umklappen die Farbe mitspricht. Abb. VII–X zeigen, wie durch Vereinfachung und Herausstellung der wesentlichsten Merkmale bestimmte Typen entstehen. Sie können und wollen nur Anregung sein; ein ›Rezept‹ kann da nicht vermittelt werden. Immer spielt die Farbe eine wesentliche Rolle, und die einfachste Form gewinnt durch ein gutes Farbenspiel. Ist man an den Umgang mit Farben wenig gewöhnt, so beschränke man sich von vornherein auf drei Töne. Beim Chinesen z.B. nimmt man ein Gelb, mit lichtem Ocker gemischt, für das Gesicht; Haar und Bart färbt man schwarz mit ein wenig Blau, und Mund und Nasenlinien malt man rostrot. Die Flächen werden ganz gleichmäßig eingestrichen; keine Schattenwirkung aufmalen! Umrandung von Augen- oder Mundpartien mit einer anderen Farbe bandartig aufsetzen. Am Schluß wird der Maske ein Gummiband angeklebt, damit sie am Kopf hält.

(Ruth Mentzel)

Spielen mit Masken

Mit Masken kann man nach geeigneten Textvorlagen spielen (zum Beispiel Hans-Sachs-Schwänke), man kann damit aber auch vor allem frei gestalten: Bewegungsimprovisationen, Scharaden und Pantomimen (oder beides verbunden) sowie Stegreifspiele. So ließe sich die eine oder andere kurze Geschichte durchaus als Stegreif-Maskenspiel darstellen (u.a. Eulenspiegeleien). Natürlich kann man die Maskenträger sprechen lassen, wenn die Mundschlitze groß genug sind. Andererseits ist es sehr reizvoll, wenn sie stumm agieren und das, was zu sagen ist, durch einen oder mehrere Erzähler (ohne Maske) dargeboten wird.

Hat man ein festes Spielvorhaben, wird man versuchen, Masken herzustellen, die die einzelnen Rollentypen besonders charakterisieren. Es kann aber auch viel Freude bereiten, wenn man der Phantasie der Jungen und Mädchen bei der Maskengestaltung freien Lauf läßt und erst nach der Fertigstellung ihrer Werke mit ihnen gemeinsam eine Spielidee findet.

Wenn wir für die Arbeit mit Masken nicht sehr viel Zeit aufwenden, aber doch alle Teilnehmer aktivieren wollen, ist dieser Weg sicher der empfehlenswertere. Wir müssen uns nur einen Spielrahmen ausdenken, der es uns ermöglicht, die verschiedensten und verwegensten Masken darin zur Geltung kommen zu lassen. Wie wäre es mit einem großen Zirkus- oder Varietéprogramm, in dem allerlei lustige Typen mit kurzen Darbietungen herausgestellt werden können (Direktor, Clowns, Akrobaten, Tänzerinnen und Tänzer, Dompteure und seltsame Tiere)?

Vielleicht reisen wir aber auch mit zwei oder drei ›Astronauten‹ zum Mars und werden dort von phantastisch aussehenden Marsbewohnern empfangen. Hier lassen sich sowohl Einzel- wie Gruppendarbietungen als auch Bewegungsimprovisationen der gesamten Marsmannschaft bringen. Musik und Rhythmus könnten das Ganze entsprechend untermalen. Warum sollen nicht einige der gängigen modernen Rhythmen einmal ›marsisch‹ sein?

Als Kostümierung eignen sich für die Maskenträger einfache, einfarbige Kleidungsstücke, die die Masken gut zur Geltung kommen lassen. Als Grundbekleidung, die abgewandelt werden kann, sind auch hier Trainingsanzüge oder Jeans mit einfarbigen Pullis denkbar.

Wenn einer der Altmeister des Maskenspiels, Lou Hoefnagels, sagt: »Die Praxis hat gezeigt, daß man Maskenspielern den Satz einhämmern muß: Maskenspiel ist Bewegungsspiel!«[16]), so ist damit die Grundregel treffend herausgestellt. Hoefnagels formuliert weiter: »Die Maske, die ja ein Typ oder Charakter ist... verträgt nur wesentliche Gesten. Alles Überflüssige soll vermieden werden... Vor allem sollen unsere Gesten mit dem Gesicht übereinstimmen, das von unserer Maske vorgestellt wird. Jede Bewegung soll grotesk sein, breit, groß, gewagt, nicht zu schnell, gut betont.«

Damit der Maskenspieler sich richtig in seine Maske hineindenken kann, wird ihm ein großer Spiegel gute Dienste leisten. Noch besser ist es, die eigene Maske zwischenzeitlich einmal bei einem Mitspieler in Aktion zu sehen.

Schattentheater

Mit der sehr reizvollen Aufgabe, eine Schattenbühne zu bauen, Schattenmarionetten zu basteln und damit zu spielen, können wir uns im Rahmen unserer AG ebensowenig befassen wie mit dem nicht minder kreativen Bereich des Puppen- und Marionettentheaters. Das wären Vorhaben für besondere Arbeitsgemeinschaften im Bereich der Kunsterziehung[17]). Für das auch recht vielseitige Spiel mit menschlichen Schatten sollten wir jedoch einige Zeit und Mühe verwenden.

Die Schattenwand

Die technischen Voraussetzungen für unsere ›schwarze Kunst‹ sind verhältnismäßig leicht zu erfüllen. Als ›Bühne‹ dient uns eine große, glattgespannte Leinwand (evtl. Bettücher), die wir im einfachsten Falle in einer breiten Türöffnung anbringen. Etwas aufwendiger, aber zweckentsprechender ist es, wenn wir uns einen einfachen Rahmen aus etwa 4 cm breiten Leisten herstellen (etwa 3 m lang, 2 m hoch) und diesen mit Nessel bespannen. Mit einer einfachen Konstruktion (2 weitere lange Leisten) können wir die Wand senkrecht aufstellen. Gut wäre es, die Schattenwand nach hinten in einer Tiefe von 3 m an beiden Seiten abzudecken, damit die Zuschauer die Spieler wirklich nur als Schatten sehen und nicht hinter die ›Kulissen‹ schauen können. Haben wir eine Bühne mit einem Vorhang, können wir die Schattenwand so aufbauen, daß der halb zugezogene Vorhang sie an den Seiten abdeckt.

Als Lichtquelle dient uns ein Diaprojektor oder eine andere starke Lampe, die scharfe Schatten erzeugt (Scheinwerfer).

Spiel mit menschlichen Schatten

Einige wenige Regeln sind für den technischen Ablauf des Menschenschattenspiels zu beachten:

1. Der Zuschauerraum muß gut abzudunkeln sein.
2. Die Spieler müssen ganz dicht am Tuch bleiben und dürfen nur in der Längsrichtung agieren, damit ihre Profile schön scharf herauskommen.
3. Da Spieler wie Requisiten dem Zuschauer nur als Silhouetten erscheinen, sind die Umrißformen besonders sorgfältig darauf einzurichten.
4. Da die Spielfläche klein ist, können im allgemeinen nur zwei bis drei Spieler gleichzeitig auftreten.
5. Die Spieler müssen darauf achten, daß sie sich in ihren Bewegungen nicht überschneiden.
6. Allerlei schatten-optische Tricks sind möglich; hier kann gezaubert werden (ausprobieren!).

Als ersten Spielversuch bieten wir den Jungen und Mädchen die Möglichkeit, sich (am besten zu zweit) hinter der Schattenwand pantomimisch zu produzieren. Wir erinnern uns dabei an unsere »Improvisation mit Gegenständen« (S. 21), stellen unsere Requisitenkiste bereit und versuchen, diese Übungen in kleine Schattenszenen umzusetzen. Die Gruppe beobachtet dabei im Zuschauerraum kritisch die Akteure, macht sie auf technische Fehler aufmerksam und soll erraten, was ihr jeweils gezeigt wird. Wir werden bald zu der Erkenntnis kommen, daß sich kleine Pantomimen besonders gut für das Spiel mit menschlichen Schatten eignen.

Eine schöne Möglichkeit bietet diese Spielform auch für die bildliche Gestaltung von Erzählungen. Da sitzen ein oder zwei Jungen und Mädchen neben der Schattenwand und erzählen bzw. lesen die Geschichte vor, während wir Szenen daraus im

pantomimischen Schattenspiel sehen. Das Ganze kann auch von einer passenden Musik umrahmt werden.
So läßt sich zum Beispiel die bekannte vorweihnachtliche Erzählung von Felix Timmermans »St. Nikolaus in Not« gut darbieten. Dabei können die Schattenszenen sehr schnell wechseln (Licht aus – Licht an). Bühnenbilder werden nicht benötigt, höchstens ein paar aus Pappe ausgeschnittene Requisiten (im Falle der genannten Erzählung zum Beispiel ein Ladenschild »Zum verzuckerten Nasenflügel«, das »Schokoladenschiff Kongo« und vielleicht sogar ein großer Esel, der Kopf und Schwanz bewegen kann.) Ähnlich könnte man u. a. auch Timmermans' »Die drei Könige in Flandern« in ein Spiel mit menschlichen Schatten umsetzen.
Wenn wir uns intensiver mit dieser Spielform befassen wollen, finden wir unter den »Leseszenen und Lesespielen«[18]) sicher zahlreiche geeignete Stoffe.
Wir können aber auch Spielszenen mit sprechenden menschlichen Schatten gestalten. Man kann zum Beispiel manches lustige Spiellied so darbieten, u. a. das »Lied vom Doktor Eisenbart«, das »Lied der Robbenfänger«, »Das Lied Tschinglibunglitangliwang«, den »Karawanensong«[19]), »Die Entdeckung Amerikas« und »Unlängst schrieb ich eine Oper«[20]). Beim Spiel mit sprechenden menschlichen Schatten sollte man sich vor allem auf heitere und burleske Szenen beschränken. Eine geeignete Spielvorlage hierfür bietet zum Beispiel die Glosse:

DAS LEXIKON. Von Jo Hanns Rösler

Hugo hat ein Wort nötig. Hugo möchte gern wissen, wie man »Bürokratie« schreibt. Und da Hugo kein Lexikon hat und sich kein Lexikon kaufen möchte, beschließt Hugo, in die Städtische Bücherei zu gehen und dort im Lexikon nachzusehen.

Hugo kommt in die Städtische Bücherei. Es ist eine ganze Häuserreihe, ein ganzer Häuserblock. Vor dem Tor mustert der Portier mißtrauisch den Eintretenden.
»Wohin?« fragt er.
»In die Städtische Bücherei.«
»Geradeaus, Mittelster Gang. Rechte Tür.«

Hinter der Tür steht wieder einer und ruft:
»Schirme und Stöcke sind abzugeben!«
»Verzeihen Sie!« sagt Hugo, »ich will nur auf einen Sprung – ich will nur schnell etwas nachsehen – ich komme sofort zurück...«
»Schirme und Stöcke sind abzugeben!«
»Aber ich will doch nur...«
»Vorschrift ist Vorschrift! Hier ist Ihre Marke.«
Hugo wird der Stock aus der Hand gerissen, eine Marke wird ihm in die Hand gedrückt, dann darf er weitergehen, den mittelsten Gang entlang, der mittelsten Tür zu.

Da stößt wieder einer auf ihn: »Wohin?«
»In die Städtische Bücherei.«
»Da sind Sie! Wohin wollen Sie hier! Was wollen Sie hier?«
»Ich möchte etwas nachsehen.«
»Was nachsehen?«
»Ein Wort im Lexikon.«
»Sie wollen also im Lexikon etwas nachlesen?«
»Ja.«
»Lesesaal zweiter Stock, dritte Tür links.«

Hugo steigt in den zweiten Stock hoch und wendet sich der dritten Tür links zu. Der Mann am Eingang hält ihn auf.
»Ihren Ausweis?« fragt er.
»Was für einen Ausweis?«
»Ihre Lesekarte!«
»Ich habe keine Lesekarte!«
»Ohne Lesekarte dürfen Sie hier nicht hinein. Lesekarten bekommen Sie im dritten Stock, vierte Tür rechts!«
»Aber ich will doch nur ein Wort...«
»Lesekarten dritter Stock, vierte Tür rechts!«

Hugo klettert in den dritten Stock.
Er muß zwanzig Minuten warten, dann ist er an der Reihe.
»Sie wünschen?«
»Ich möchte eine Lesekarte haben.«
»Für ein Jahr.«
»Nein. Nur für einen Tag.«
»Für wann?«
»Für heute«, sagt Hugo bescheiden.
»Das geht nicht.«
»Warum nicht?«
»Tageskarten werden nur vormittags zwischen zehn und zwölf Uhr ausgestellt.«
Hugo wird leise unruhig.
»Verzeihen Sie, wenn ich frage«, sagte er, schon ein wenig heftig, »aber warum ist dann dieses Zimmer jetzt am Nachmittag geöffnet?«

»Wir haben nicht geöffnet. Wir haben nur offen. Wir haben nur offen für Leute, die dringend eine Karte brauchen.«
»Ich brauche dringend eine Karte.«

»Dann müssen Sie einen Dringlichkeitsantrag stellen«, bekommt er zur Antwort. »Formulare dazu erhalten Sie im fünften Stock, zehnte Tür links. Dem Antrag ist beizufügen Geburtsschein, Einwohnermeldeschein, letzte Steuerquittung und Strafregisterauszug. Ferner ist anzugeben, warum und weswegen Dringlichkeit vorliegt.«

»Aber verehrter Herr?« schreit Hugo erbost, »ich will doch nicht hier Ehrenmitglied werden! Ich will doch nur ein Wort im Lexikon nachsehen, ein einziges Wort!«
»Dazu brauchen Sie keine Lesekarte.«
»Aber der Beamte im Lesesaal sagte, daß ich ohne Lesekarte nicht in den Lesesaal darf.«
»Da hat er recht.«
»Aber...«
»Was wollen Sie denn im Lesesaal? Sie wollen doch nicht das Lexikon lesen, sondern nur im Lexikon nachsehen. Das können Sie auch ohne Lesekarte im Etymologischen Kabinett, Erdgeschoß, Tür vierzehn.«

Hugo schleicht wieder die Treppen zum Erdgeschoß hinunter. Gut, daß er seinen Stock abgeben mußte. Er hätte ihn sonst vor Wut an der Wand zerschlagen. Vor dem Zimmer vierzehn steht keiner vor der Tür. Hugo kann also ungehindert eintreten und tritt zum Schalter.
»Kann ich ein Lexikon haben?« fragte er.
»Da müssen Sie erst einen Antragschein unterschreiben.«
Hugo unterschreibt den Antragschein.
Der Beamte stempelt »Genehmigt« darauf.
»Kann ich jetzt das Lexikon haben?«
»Wenden Sie sich an den Schalter gegenüber.«

Hugo wendet sich an den Schalter gegenüber.
»Ich möchte ein Lexikon.«
Der Beamte schiebt Hugo einen Zettel hin.
»Schreiben Sie Ihre Wünsche auf den Bücherzettel.«

Hugo füllt den Bücherzettel aus. Hugo schreibt: ein Lexikon. Hugo gibt den Zettel ab. Hugo bekommt dafür eine Nummer.
»Ihre Nummer wird aufgerufen. Warten Sie auf der Bank.«
Hugo hat die Nummer 333.
Der Beamte ruft gerade auf:
»Nummer 27 bis 32.«

Nach einer Stunde hört Hugo:
»Nummer 333 bis 337!«
Hugo eilt zur Ausgabe. Hugo erwartet sein Buch. Aber Hugo erhält nur seinen Zettel zurück. Darauf steht: »Nähere Angaben?«
»Wieso?« fragt Hugo dumm.
»Sie müssen angeben, was für ein Lexikon Sie wünschen. Wir haben hier das große Konversationslexikon, das Glossarlexikon, das etymologische Lexikon, das Synonymenlexikon, dazu noch zweihundert Spezialfachwörterbücher. Der nächste Herr bitte!«
»Das ist mir zu hoch!« schreit Hugo wütend, »ich will doch nur ein gewöhnliches Wörterbuch, weil ich nachsehen will, wie ein Wort geschrieben wird!«
»Dazu genügt ein orthographisches Wörterbuch.«
»Freilich!« meint Hugo.

Hugo gibt wieder einen Zettel ab. Hugo bekommt diesmal die Nummer 4006.

Hugo muß jetzt zwei volle Stunden warten. Endlich erhält er sein Wörterbuch. Und Hugo macht sich auf die Suche nach dem Wort »Bürokratie«. Bei Bäbe fängt er an und liest über Bälgetreter, Blähhals, Bratapfel weiter. Immer näher kommt er:
»Buntschuh – Bunker – Bunze – Bürde – Bürste?«
Hugo liest wieder zurück und nach vorn. Und wieder von vorn nach hinten. Das Wort Bürokratie ist nicht vorhanden.
Hugo trägt das Buch zurück.
»Hier stimmt etwas nicht! Hier fehlt etwas!«
»Wieso?«
»Das Wort Bürokratie steht nicht darin.«
»Das gibt es nicht«, sagt der Beamte und schaut Hugo mißtrauisch an, »geben Sie mir das Buch – Buntschuh, Bunker, Bunze, Bürde – natürlich, hier fehlt ja ein ganzes Blatt!«
»Sehen Sie!« sagt Hugo stolz.
Er hätte nicht stolz sein sollen.
Der Beamte durchbohrt ihn mit den Augen.
»Wann haben Sie das Buch ausgeliehen?«
»Jetzt werden Sie putzig! Sie haben mir doch das Buch selber gegeben!«
Der Beamte brummt: »Ich arbeite nur nach Zettel und Nummer. Wann haben Sie das Buch ausgeliehen?«
»Vor zehn Minuten.«
»Dann müssen Sie den Band ersetzen. Beschädigungen müssen sofort bei Empfang gemeldet werden, sonst ist der Entleiher gemäß der Leseordnung voll haftbar. Widerspruch hat gar keinen Zweck, Herr, Sie haben sich selbst durch Unterschrift des Antragscheines den Bedingungen unterworfen. Wo kämen wir denn hin, wenn jeder Mensch sich aus einem Buch eine Seite herausreißen wollte? Was würden Sie sagen, wenn Sie ein Buch erhalten und gerade die Seite fehlt, die Sie interessiert.«
Hugo sagt gar nichts. Hugo weiß nicht mehr, was los ist. Hugo sieht rot vor den Augen und geht los.

Als Hugo wieder zu sich kommt, sitzt er im Gefängnis. Vor ihm steht der Wärter:

»Haben Sie einen Wunsch? Schreibmaterial? Bücher?«
Da sagt Hugo: »Ja. Geben Sie mir bitte schnell das Lexikon, wo das Wort Bürokratie vorkommt. Als freier Mann habe ich zwanzig Beamte um Erlaubnis fragen müssen, habe Zettel unterschreiben müssen, bin von Pontius zu Pilatus geschickt worden, mußte fünf Stunden warten, und dann habe ich es noch nicht bekommen. Jetzt bin ich kein freier Mann mehr, jetzt sitze ich im Loch, jetzt möchte ich einmal wissen, wie lange es da dauert.«
Eine Minute später hielt Hugo das Lexikon in der Hand und las: »Bürokratie – eine von Spöttern erfundene Bezeichnung für einen nicht vorhandenen Zustand umständlicher Amtshandlungen.«

Dazu ein Gestaltungsvorschlag:
Die Glosse läßt sich mit ihren vielen Kurzszenen (zehn sind im Text durch größeren Zeilenabstand hervorgehoben) gerade als Stegreifspiel mit sprechenden menschlichen Schatten gut einrichten, weil hier die Szenen in Sekundenschnelle wechseln können. Natürlich sollten die Dialoge in freier Gestaltung noch etwas erweitert werden, und es erscheint nur sinnvoll, wenn auch weibliche Bürokraten mit von der Partie wären.
In der ersten Szene muß man erfahren, was Hugo eigentlich will. Vielleicht trifft er vor der Städtischen Bücherei einen alten Freund, der ihm empfiehlt, doch einmal »kurz in die Bücherei zu springen« und dort in einem Lexikon nachzulesen, wie man Bürokratie richtig schreibt. – Dann kann daran gleich die Begegnung mit dem Portier anschließen.
In den folgenden Szenen kommen die Akteure mal von rechts, mal von links, mal steht ein Schreibtisch auf der einen, mal auf der anderen Seite. Hugos Schritte werden immer langsamer und schwerer. Man muß es miterleben, wie er langsam an das Ende seiner physischen Kräfte gelangt.
Natürlich treten in den Büros und im Lesesaal sowie im Etymologischen Kabinett auch andere Leser auf. So stehen zum Beispiel in der 5. Szene (Ausgabe der Lesekarten im dritten Stock,

vierte Tür rechts) vor ihm einige Leidensgenossen. Im Dialog mit ihnen ergibt sich, daß er schon zwanzig Minuten wartet. Wenn in der 8. Szene (Etymologisches Kabinett) aufgerufen wird: »Nummer 333–337!« schaut Hugo auf die Uhr: »Kaum zu glauben, eine geschlagene Stunde!« – Ähnlich kann das mit der Wartezeit in der 9. Szene (zwei Stunden) gelöst werden. Vielleicht ist er da auf der Bank erschöpft eingeschlafen und wird von einem anderen Leser wachgerüttelt: »Hallo, – haben Sie nicht Nummer 4006?« Hugo schaut auf die Uhr: »Schönen Dank, mein Herr, – da habe ich doch zwei Stunden geschlafen!«
Am Schluß der 9. Szene (Hugo sieht rot) knallt der Geplagte das Lexikon auf den Tisch und geht auf den Beamten (die Beamtin) los (Licht aus!).
In der 10. Szene könnte man ein aus starkem Karton ausgeschnittenes ›Gitter‹ an der Schattenwand befestigen. Sofort nach dem Zitat aus dem Lexikon erlischt das Licht.[21])

Leseszenen und -spiele

Unter den verschiedenen Spielformen, die hier vorgestellt wurden, nimmt das Lesespiel eine gewisse Außenseiterrolle ein und scheint ein Widerspruch in sich zu sein: kann man lesend überhaupt spielen? Bei der schauspielerischen Gestaltung eines vorgegebenen Textes lehnen wir das rundweg ab (s. S. 119). Und doch sollten wir dem Lesespiel eine Chance zubilligen.

Vorüberlegungen

Bevor wir uns um die Erarbeitung einer Leseszene oder eines Lesespiels bemühen, müssen wir uns über ein paar Grundfragen im klaren sein:

- Leseszenen und -spiele können und wollen das Theaterspiel nicht ersetzen;
- sie sind auch nicht für die größere Bühne bestimmt und haben ihren Platz auf einem Podium oder – nur für den Eigenbedarf – im Klassenraum;
- sie verstehen sich vor allem als »Hör«-Spiele und kaum als »Seh«-Spiele;
- da alles auf das Ausdrucksmittel der menschlichen Sprache ankommt, ist die sprachlich-akustische Gestaltung besonders ernst zu nehmen;
- nur das rollenweise Ablesen eines Textes ist kein Lesespiel und wird zu einer Zumutung für die Hörer;
- ein sorgfältig vorbereitetes Lesespiel kann dagegen in einer schulischen Feierstunde, auf dem Elternabend einer Klasse oder im Deutsch- oder Geschichtsunterricht sowie in der Politischen Bildung (bzw. Sozial- oder Gemeinschaftskunde) gut am Platz sein und eine nachhaltige Wirkung erzielen.

Vorbild Hörspiel

Der Hörfunk hat mit dem Hörspiel ein eigenständiges Hörkunstwerk entwickelt, das alle Formen akustischer Darstellung umfaßt und für uns beispielhaft sein kann.
Die akustische Darbietung ist auch bei unseren gelesenen Szenen der absolute Schwerpunkt. Da die in der Regel im Halbkreis sitzenden Sprecher nicht durch Gestik und nur in geringem Maße durch Mimik auf ihre Zuhörer wirken, kommt es vor allem auf die Klangfarbe, die Dynamik und den Rhythmus ihres Sprechens an. Und ganz wichtig sind dabei im rechten Augenblick und in der richtigen Länge: die Pausen!

Die Hauptaufgabe des Spielleiters liegt hier vor allem bei der Stimmen- bzw. Sprechregie.

Da die Sprecher die Identität ihrer Rollen durch keinerlei illusionsfördernde Hilfsmittel den Zuhörern glaubhaft machen können, kommt der Einrichtung eines Lesespiels und vor allem der Rollenverteilung eine besondere Bedeutung zu. Was an anderer Stelle zur Vorbereitung der Probenarbeit an einem Stück gesagt wird (s. S. 117), gilt sinngemäß auch für die Leseszenen. Um den Zuhörern das Verständnis nicht zu erschweren, sollte man es vermeiden, einen Sprecher mit mehreren Rollen zu betrauen.

Da es bei den Lesespielen neben den „handelnden" Rollen oft Sprecher oder Erzähler gibt, die die nicht sichtbaren Ereignisse und Zusammenhänge verdeutlichen, kann es durchaus sinnvoll sein, wenn der Spielleiter eine solche – vielleicht sogar die zentrale – Sprecherrolle übernimmt. So hat er daneben die Möglichkeit, unmittelbar auf den Ablauf der Szenen einzuwirken. Als sehr gutes Hilfsmittel für die Selbstkritik einer Lesespielgruppe hat sich der Kassettenrecorder bewährt. Bei der Wiedergabe des eigenproduzierten Hörspiels wird den Sprechern so manches auffallen, was sie noch besser machen können. Es gibt Schulen, die sich im Laufe der Zeit ein kleines Archiv an Hör-(Lese-)spiel-Kassetten zugelegt haben, das analog zu den Schulfunk-Kassetten gern genutzt wird.

Neben den vorgegebenen Texten für Leseszenen und -spiele, die bei den Theaterverlagen in größerer Auswahl zu beziehen sind, kann sich natürlich eine AG (oder eine Klasse) entsprechende Texte auch selbst einrichten. Hierfür bieten sich Prosastücke (z.B. Kurzgeschichten und Erzählungen) mit viel wörtlicher

Rede an. Wir stimmen Paul Leonhardt und Konrad Helbig voll zu, wenn sie feststellen: »Es sind oft die spannendsten unserer Gemeinschaftsstunden, in denen wir unsere Hörbilder bauen. Sie sind unsere ureigenste Angelegenheit; aber auch dann, wenn sich Zuhörer hinzufinden, bestehen sie ihre Feuerprobe.“[5])

Und ein nicht zu unterschätzendes Nebenprodukt erwächst uns für die weitere Arbeit unserer Theater-AG aus der zeitweisen Beschäftigung mit Leseszenen und -spielen: das Gespür unserer Spieler für sinnvolles und rollengemäßes Sprechen wird mit Sicherheit geschärft.

Der Vorspielabend

Spätestens am Ende des Schuljahres sollten wir mit einem Vorspielabend unserer Theater-AG vor die Schulgemeinde – einschließlich der Eltern – treten und ein Programm bieten, das einen Einblick in unsere Arbeit ermöglicht. Gerade die Eltern sind bei solchen Veranstaltungen die dankbarsten Zuschauer.

Vielleicht hat die Theater-AG aber auch schon aus anderen Anlässen, zum Beispiel in der Weihnachtszeit, während des Faschings, bei einem sommerlichen Schulfest oder der Schulentlassungsfeier einen entsprechenden Beitrag geleistet. Diese Möglichkeiten hängen ganz von den sehr unterschiedlichen schulischen Gegebenheiten ab und lassen sich theoretisch nicht projektieren. Entscheidend ist wohl, daß unsere AG die Theaterarbeit ein Jahr lang nicht nur »l'art pour l'art« betrieben hat, sondern Freude daran fand und auch anderen damit Freude bereiten konnte.

Gestaltung eines vorgegebenen Textes

Eine andere Möglichkeit für die Arbeit der Theater-AG im 2. Schulhalbjahr

Wenn wir uns nach den geselligen Vorübungen, den verschiedenen Spielimprovisationen und insbesondere den Stegreifspielen der Arbeit mit einem vorgegebenen Text zuwenden wollen, müßte das durchaus zu schaffen sein. Voraussetzung ist, daß wir unserer Gruppe kein Stück aufzwingen, das sie nicht anspricht oder dem sie nicht gewachsen ist. Wir sollten auch bei der Erarbeitung eines Spieltextes keine Langeweile aufkommen lassen. Ein Ziel unserer Theater-AG ist es, die Gestaltungsfreude der Spieler nicht nur zu erhalten, sondern sie nach Möglichkeit noch zu steigern.

Die Auswahl eines Spieltextes

Für eine erfolgreiche Arbeit mit einem vorgegebenen Text sind gründliche Vorüberlegungen und Vorentscheidungen Voraussetzung, die dem Spielleiter niemand abnehmen kann. Wenn auch die endgültige Wahl eines Spieltextes auf keinen Fall »an den Spielern vorbei« getroffen werden sollte, muß der Spielleiter doch vorher ganz genau wissen, was er ihnen zumuten darf und ihnen – nach gründlicher Vorsichtung – anbieten kann. Er sollte auch den Mut zu einem begründbaren »Nein« aufbringen, wenn die Gruppe mit dem Wunsch nach einem Stück an ihn herantritt, das sie irgendwo gesehen oder von dem sie gehört hat, das er aber für zu anspruchsvoll oder auch einfach für schlecht hält.
Eine nicht unwesentliche Rolle spielt die Länge eines Stückes. Wenn für seine Gestaltung nur ein Schulhalbjahr zur Verfügung steht und die Gruppe noch wenig Spielerfahrung besitzt, sollte sie sich auf Texte beschränken, deren Aufführung vierzig bis sechzig Minuten nicht überschreitet. Reizvoll kann es sein, zwei

kleine Spiele statt eines größeren Textes einzustudieren. In den letzten Klassen der Mittelstufe (Gymnasien, Gesamtschulen, Realschulen, Fachschulen, Hauptschulen) wird mitunter schon der Wunsch geäußert, sich einen Stoff aus der dramatischen Literatur vorzunehmen. Das ist sicher bei dem einen oder anderen Stück bei entsprechender guter Bearbeitung möglich.

In der Regel dürfte aber das größere Angebot bei den Stücken des Schul- und Jugendtheaters liegen, das die renommierten Theaterverlage anzubieten haben. Paul Leonhard sieht die Grenzen des Schul- und Jugendtheaters da liegen, »wo Rollengestaltung gefordert wird, die zu leisten es den jungen Menschen an Erfahrung und Wissen mangelt. Der Schüler muß zwar nicht alles, was er spielt, erlebt haben, aber er muß es erfühlen können. Stoffe der menschlichen Existenz wie Liebe, Haß, Rache, Verzweiflung, Hunger und Durst kann er darstellen, nicht aber psychologisch extrem differenzierte Charaktere.“[22])

Für Oberstufen der Gymnasien, Gesamtschulen und Fachoberschulen finden sich in der dramatischen Literatur von der Antike bis zur Gegenwart hinreichend Stoffe. Oft werden durch die Verlage Bearbeitungen – vor allem Kürzungen – angeboten, die durchaus akzeptabel sind. Bei aller Wertschätzung der großen Literatur gibt es aber auch bei dem Angebot für das Schul- und Jugendtheater gut geeignetes Material für die Oberstufe. Bei den Theaterverlagen können wir sowohl Stoffe aus der Theaterliteratur als auch eigens für das Schul- und Jugendtheater geschriebene Stücke beziehen. Auf Anforderung erhalten wir neben den Gesamtverzeichnissen Ansichtssendungen von Spieltexten. Wenn wir schreiben, um welche Thematik es uns geht, wieviel Jungen und Mädchen der Spielgruppe angehören, welcher Altersgruppe sie zuzuordnen sind und welche Spieldauer wir wünschen, können wir den Verlagen und uns das Auswahlver-

fahren erleichtern. Natürlich dürfen wir nicht erwarten, daß alle uns übersandten Textbücher unseren Vorstellungen entsprechen, und manchmal wird sogar eine zweite Ansichtssendung erforderlich werden. In der Mittelstufe ist es am besten, wenn der Spielleiter seine Spieler mit den von ihm ausgewählten Stücken bekannt macht und ihnen die Texte selbst vorliest. Auch in der Oberstufe wäre dieser Weg möglich und sinnvoll. Andererseits können sich hier im Vorfeld der Entscheidung einzelne Arbeitsgruppen mit dem Angebot auseinandersetzen und dann über »ihre« Stücke vor dem Plenum referieren.
Bei der Diskussion mit der Spielgruppe halten wir uns als Spielleiter mit unseren Argumenten für und wider einen Spieltext anfangs zurück, um die Schüler in ihrer Meinungsbildung nicht zu beeinflussen. Das schließt aber nicht aus, daß wir auch unsere Auffassung darlegen. Ist dann eine Entscheidung gefallen, die wir voll verantworten können, bestellen wir die erforderlichen Textbücher bei dem entsprechenden Verlag. Dabei ist nachdrücklich zu empfehlen, die in den Textbüchern abgedruckten Bestimmungen über die Aufführungsrechte genau zu beachten. Bei Verstößen gegen das Urheberrecht kann man sich erheblichen Ärger und zusätzliche Kosten einhandeln!

Das Einrichten eines Spieltextes

Von der Textauswahl bis zur Aufführung ist es ein langer Weg, der aber nicht beschwerlich zu sein braucht.
Zuerst gilt es, den Text auf die Belange unserer Gruppe abzustimmen und ihn einzurichten, das heißt, ihn für uns „umzuinstrumentieren". Das ist eine Arbeit, die viel literarisches Fingerspitzengefühl verlangt. Hier ist der Spielleiter wieder sehr stark gefordert. Wir sollten uns vor allem auf Kürzungen beschränken, die nicht in die Substanz des Werkes eingreifen und den

werkimmanenten Anspruch des Stückes berücksichtigen. Das gebietet allein schon die Achtung vor der Aussage des Autors. Jeder Versuch, den Originaltext irgendwie inhaltlich zu verändern, zu ergänzen oder sogar teilweise umzuschreiben, muß mißlingen.

Vertretbar aber ist es zum Beispiel, wenn es an Spielern fehlt, Nebenrollen zu straffen oder hin und wieder zusammenzufassen, ohne dadurch die inhaltliche Aussage zu verändern. Mitunter kann man sich auch helfen, wenn der eine oder andere Spieler mehrere kleine Rollen übernimmt. Dabei ist genau zu überlegen, bei welchen Rollen das möglich ist, ohne daß es unglaubwürdig erscheint.

Im umgekehrten Falle kann man weitere Rollen einbauen, um alle Spieler unterzuordnen. Deren Dialoge müßten den Gesamtdialogen entnommen werden und dürften zu keiner inhaltlichen Veränderung führen.

Wenn man einen Überhang an weiblichen oder männlichen Spielern hat, sollte man sie nicht ohne weiteres für Rollen des jeweils anderen Geschlechts vorsehen. Das kann peinlich wirken und mitunter zu ungewollter und ganz unpassender Komik führen. Da ist es schon besser, wenn man – ohne der Spielaussage Gewalt anzutun –, dort, wo es sich einrichten läßt, die Geschlechter einzelner Rollen verändert. In der Regel wird es sich dabei wohl um Nebenrollen handeln.

Was im Berufstheater im Zusammenwirken von Regisseur und Dramaturg entsteht, nämlich die endgültige Herstellung einer Bühnenfassung, lastet im Schultheater vor allem auf den Schultern der Spielleiter. Natürlich können wir in der Oberstufe einzelne Aufträge an Arbeitsgruppen abgeben, die sich vielleicht mit viel Engagement ihrer »dramaturgischen« Aufgabenstellung unterziehen werden, aber die verantwortliche Schlußredaktion für unsere Bühnenfassung kann uns niemand abnehmen.

Regiekonzeption und Rollenbesetzung

Ist die Spielfassung fertiggestellt, machen wir unsere Arbeitsgemeinschaft damit vertraut. Nach Vorlesen des Textes oder einem – noch völlig unverbindlichen – Lesen mit verteilten Rollen unterhalten wir uns über die Darstellungsmöglichkeiten und nehmen uns dafür viel Zeit. Hier sollte der Spielleiter noch nicht mit einem vorgefaßten Konzept an die Sache herangehen.

Natürlich werden wir uns schon Gedanken über die Realisierung des Stückes gemacht haben, doch wir wollen, bevor wir uns festlegen, erst einmal hören, was unsere AG-Mitglieder dazu zu sagen haben. Dabei dürften wir vielleicht so manche gut verwertbare Anregung erhalten. Möglicherweise müssen wir aber auch enttäuscht feststellen, daß die Resonanz nur schwach ist. Hier können wir uns die Überlegungen von Karl Dorpus zu eigen machen: »Vermögen die Jugendlichen die Rollen und die Handlung des ausgewählten Stückes zu verstehen und nachzuerleben? Nur wenn diese Frage bejaht werden kann, gelingt die Gestaltung. Unerfüllte Gestaltungen aber bleiben ohne bildenden Wert und hinterlassen bei allen Beteiligten Unbehagen. Man sollte deshalb, wenn man sich bei der Stückwahl einmal geirrt hat, ein zu schwieriges Stück niemals um jeden Preis ›durchpauken‹ wollen. Es ist besser, die Arbeit daran abzubrechen und mit einem anderen neu zu beginnen.«[23])

Erst wenn die Regiekonzeption weitgehend festgelegt ist (kleinere Korrekturen können sich noch aus der Probenarbeit ergeben), geht es an die Rollenbesetzung. Das ist eine Aufgabe, zu der wir viel Geduld mitbringen müssen, und bei der wir als Spielleiter sowohl künstlerisch, wie pädagogisch und psychologisch gefordert werden.

Niemand hat von vornherein Anspruch auf die Rolle! Wir wollen keine Starallüren aufkommen lassen – im Interesse der »Möchte-gern-Stars« wie ihrer Mitschüler –, sind aber bemüht, jede Rolle optimal zu besetzen. Mehrere Leseproben mit häufigem Rollenwechsel können uns dabei behilflich sein.

Immer wieder müssen wir unseren Spielern klarzumachen versuchen, daß der Wert einer Rolle nicht in seiner Länge liegt und Hauptrollen scheitern müssen, wenn die Darsteller der Nebenrollen versagen. Ein gutes Berufstheater ist stolz auf seine Ensembleleistung. Das gilt uneingeschränkt auch für ein gutes Schultheater.

Obwohl der Spielleiter bei der Rollenbesetzung das letzte Wort haben sollte, ist er gut beraten, wenn er die provisorische Vergabe der Rollen mit der Gruppe abstimmt. Die Mitglieder der Arbeitsgemeinschaft haben meist ein feines Gespür für die Fähigkeit ihrer Mitschüler.

Endgültig wird es sich aber erst im Verlauf der Probenarbeit herausstellen, ob wir im Rahmen unserer Möglichkeiten alle Rollen richtig besetzt haben.

Wenn es sich machen läßt, sollten wir größere Rollen doppelt vergeben. Das kann mehrere Vorteile haben. Einmal wirkt es dem Alleinanspruch auf eine bestimmte Rolle entgegen, zum anderen fördert es einen soliden Wettstreit bei den Proben. Es verhindert bei einem Überhang an Spielern, daß jemand abseits stehen muß und sichert eine Aufführung, auch wenn ein Hauptspieler aus den verschiedensten Gründen nicht antreten kann. Wichtig ist es aber, daß bei Doppelbesetzungen – wenn niemand ausfällt – mindestens zwei Aufführungen stattfinden, damit jeder Spieler auch zum Zuge kommt. Die jeweils »pausierenden« Spieler können wichtige Aufgaben hinter den Kulissen übernehmen (s. a. S. 126f.).

Ob es für uns als Spielleiter ratsam ist, selbst eine Rolle zu übernehmen, ist nicht ohne weiteres zu beantworten, hängt es doch sehr von den Texten, der Zusammensetzung der Arbeitsgemeinschaft und dem Spielleiter selbst ab. Zu denken wäre ein Spielleiter in der Funktion des »Erzählers« oder eines das Spielgeschehen kommentierenden »Sprechers«, dessen Rolle schon an sich etwas aus dem Rahmen fällt. Hier hätte er die Möglichkeit, die »Fäden« gut in der Hand zu halten, ohne seine Mitspieler an »die Wand zu drücken«. Bei Lesespielen ist die aktive Mitwirkung des Spielleiters häufiger zweckmäßig. (s. S. 108).

Der Zeitplan

Bevor wir mit der Probenarbeit beginnen, sollten wir uns einen Zeitplan erstellen. Er wird zwar voraussichtlich noch weniger exakt einzuhalten sein als die Planung für das erste Schulhalbjahr, doch gibt er uns einen gewissen Anhalt und kann verhindern, daß wir zum Schluß unter Zeitdruck geraten.

Gehen wir wieder von einer Übungsarbeit von 18 Doppelstunden aus, so könnte unser Zeitplan so aussehen:

2 Doppelstunden – Vorlesen des Textes, erstes Anlesen durch die Gruppe, Rollenbesetzung;
10 Doppelstunden – Erarbeiten der einzelnen Szenen;
4 Doppelstunden – Proben des Spiels im Zusammenhang;
1 Doppelstunde – Hauptprobe;
1 Doppelstunde – Generalprobe.

In der Regel sollte die Arbeit an einem Stück ein halbes Schuljahr nicht überschreiten, da sonst – zumal in der Sekundarstufe I – Ermüdungserscheinungen auftreten und die Spieler des ganzen Vorhabens überdrüssig werden.

In Sonderfällen dürfte in der Sekundarstufe II bei einem besonders anspruchsvollen Stück ein Zeitplan erforderlich werden, der über ein Halbjahr hinausgeht. Doch das setzt schon eine spielerfahrene und innerlich gefestigte Gruppe voraus.
Äußerst problematisch ist es, wenn der Zeitbedarf für die Einstudierung eines Stückes zu kurz eingeschätzt wird. Da beginnt man vielleicht im Oktober (oder im Extremfall noch im November), sich um einen Spieltext zu bemühen, der dann noch rechtzeitig zu Weihnachten über die Schulbühne gehen soll! Daß unsere Theater-AG nicht so vermessen ist, versteht sich von selbst. Qualitätsarbeit braucht eben ihre Zeit.

Die Probenarbeit

Auch die eigentliche Probenarbeit beginnt mit dem Lesen der Rollen, nun aber in der vorgesehenen Besetzung. Dabei haben wir die Möglichkeit, die Spieler inhaltlich und sprachlich an ihre Rollen heranzuführen. Hier werden die letzten Unklarheiten beseitigt. Mitunter dürften für ein besseres Verständnis des Spielgeschehens auch Hintergrundinformationen erforderlich sein. Dazu gehören zum Beispiel Aussagen über die Zeit, in der unser Stück spielt, und die Erläuterung gewisser historischer Zusammenhänge.
Manche sprachliche Unarten und Unebenheiten können schon jetzt ausgeräumt werden, und es kann nützlich sein, bei der Gelegenheit wieder ein wenig »Sprechgymnastik« (siehe Seite 34) zu betreiben. Am Ende dieser Probenphase sollte beim Rollenlesen das Spiel schon etwas transparent sein.
Danach legen wir die Texthefte erst einmal beiseite und versuchen, die wichtigsten Szenen aus dem Stegreif zu gestalten. Dabei werden die praktischen Erfahrungen, die wir mit den

verschiedenen Spielimprovisationen gemacht haben, ihre Früchte tragen.
Hier setzt die erste Bewegungs- und Raumregie ein, und dabei kann schon deutlich werden, wie weit wir mit unserer Rollenbesetzung richtig liegen. Müssen wir noch Veränderungen vornehmen, sollten wir uns bemühen, dabei niemand zu verletzen. Ein abgelöster Spieler wird selbstverständlich eine andere Aufgabe erhalten, die er besser bewältigen und die ihn auch stärker befriedigen kann. Der AG-Leiter muß sich immer wieder als pädagogischer Psychologe bewähren, wie überhaupt von seiner menschlichen Haltung bei der Probenarbeit unendlich viel abhängt. Rudolf Mirbt, einer der Pioniere des Jugendtheaters, hat das schon vor vierzig Jahren gültig formuliert: »Eine Haltung muß der Spielleieter in sich entwickeln und pflegen, ohne die er nicht auskommt: Güte. Diese Güte erleichtert es ihm, all die Menschlichkeiten, die ihm seine Aufgaben oft schwer machen, zu ertragen, gewähren zu lassen, zu übersehen und vorsichtig in Ordnung zu bringen. Der Spielleiter darf, wenn er soweit ist, alle Unarten, die seine Arbeit stören, hart angehen. Niemals darf er – vor sich selber – einen Spieler menschlich aufgeben. Niemals! Damit hängt zusammen: es geht bei der Beurteilung von Spielern immer darum, die menschliche Leistung zu sehen. Ein Urteil über Spielarbeiten ist immer ein Urteil über die Menschlichkeiten, die der Dichter mit Hilfe des Spielleiters in den Spielern hat wecken und freimachen können.«[24])
Die Stegreif-Phase wird uns ein gutes Stück weiterbringen. Sie ist eigentlich während der ganzen Probenarbeit niemals so ganz abgeschlossen. Es kann sich auch im weiteren Verlauf der Proben immer wieder einmal als zweckmäßig erweisen, eine bestimmte Szene erst im Stegreif anzuspielen.
Wir sollten uns für eine Probe jeweils einen nicht zu großen Spielabschnitt vornehmen. Dazu muß aber jetzt der Text

beherrscht werden. Das gilt für alle Rollen ohne Ausnahme. Wer seine Rolle nach einer angemessenen Zeit nicht gelernt hat, sabotiert die Probenarbeit. Mit dem Textbuch in der Hand kann man nicht spielen!

Erst wenn ein Spielabschnitt wirklich »steht«, wenden wir uns dem nächsten zu, legen aber immer wieder eine Wiederholung des bisher Erarbeiteten ein. Hier muß sich jetzt Routine bilden!

Die Mitglieder der Arbeitsgemeinschaft, die bei einer Szenenprobe nicht benötigt werden, sind aufmerksame, kritische und disziplinierte (!) Zuschauer. Vielleicht ergibt es sich auch, daß sie in dieser Zeit andere Aufgaben übernehmen (Entwurf von Plakaten, Programmzetteln, Requisiten, Bühnenbildern u.a.). Zur Aufgabe der Spielleitung und ihren Möglichkeiten und Grenzen sei hier ein weiterer Altmeister des Spiels zitiert. Rudolf Otto Wiemer sagt: »Die Proben sind deshalb so schwierig und beglükkend zugleich, weil es hier um das Herauslocken der darstellerischen Möglichkeiten geht, um das Finden der ›eigenen Gebärde‹. Der Spielleiter kann da nur Hebammendienste leisten. Er soll die ›Geburt‹ erleichtern; erzwingen kann er sie nicht. Deshalb soll er nicht alles vorspielen, erst recht nicht, wenn er es kann. Auf diese Weise macht er die Spieler zu unproduktiven Nachahmern, er schematisiert, und das Spiel wird flach. Er soll lediglich anregen und die Spieler in die Situation hineinführen. Nur dazu verwende er seine Beredsamkeit, nicht aber zu langwierigen Erklärungen, wie er sich die Szene oder die handelnde Person vorstellt. Ein tiefes und frohmachendes Erlebnis für den Spieler ist es, wenn er seinen eigenen Ausdruck findet (....). Darum ist es wichtig, daß der Spielleiter ebenso straff wie behutsam zu lenken vermag; daß er sich selbst zurückhalten kann; daß er die Geduld aufbringt, den darstellerischen Ausdruck im anderen wachsen zu lassen. Erich Colberg sagt mitunter, man müsse die Spieler ›großloben‹. Was will dies anderes bedeuten, als daß der Spielleiter seine Aufgabe darin sehen soll, Hemmungen zu beseitigen und Mut zu machen zur eigenen Darstellungsform.«[25])

Auch zur Einbeziehung des Spielraums in die Regie sei noch einmal auf Rudolf Otto Wiemer verwiesen: »Der Spielleiter wird bald spüren, wie die räumliche Gestaltung sich gleichberechtigt neben die Wortgestaltung stellt. Er muß wissen, wo der Einzelspieler ›am günstigsten‹ steht; wie er die Massenszenen aus Einzelauftritten – ›gestaffelter Aufzug‹ oder ›Hereintröpfeln‹ – und Gruppierungen entwickelt (....); er muß die Echtheit des ›Volksgemurmels‹ ebenso glaubhaft machen wie die große, pomphafte Aufmarschszene; die Gegenüberstellung von Einzelspieler und Masse ebenso wie das Zueinanderdrängen feindlicher oder freundschaftlicher Gruppen; die Begeisterung und den Tumult ebenso wie die Stille und das lautlose Verharren. Der Raum spielt mit! Er ist neben dem Wort der wichtigste Faktor des Spiels.«[25])

Unsere Spieler sollen während der gesamten Probenarbeit das Gefühl haben, daß sie an ihrem Spiel und nicht an dem des Spielleiters arbeiten. Neben der von Rudolf Mirbt geforderten Güte, einer gewissen Kreativität und psychologischem Einfühlungsvermögen muß sich der Spielpädagoge in Geduld üben. Das gilt besonders für die gesamte Probenarbeit, vor allem aber die in der Endphase. Hier kann es mitunter zu einer Krise kommen, wenn die Spieler einmal lustlos reagieren und es so scheint, als ob sie des ganzen Unternehmens überdrüssig seien. Hier »auf den Tisch zu hauen«, vielleicht sogar einzelne Spieler für Fehlleistungen verantwortlich zu machen und mit dem Abbruch der Spielarbeit zu drohen, wäre genau die falsche Reaktion. Damit würden wir alles bisher Erreichte und das mit Geduld noch zu Erreichende nur gefährden. Wenn wir hier nicht die Nerven verlieren und uns klar machen, wieviel Arbeit und Engagement unsere Spieler und wir selbst schon in das Projekt investiert haben, werden wir sicher die rechten Worte finden, die Krise zu meistern. Auch wenn es manchmal schwerfällt: mit einer fröhlichen Miene und einem guten Wort kommt man in der Spielarbeit stets weiter.

Nicht minder viel Geduld brauchen wir gegenüber unserer Kollegenschaft, die unser Vorhaben meist nicht so wichtig nimmt, wie wir es gern sehen und es auch verdient zu haben glauben. Da benötigen wir in den letzten Wochen vor der Aufführung noch die eine oder andere zusätzliche Stunde, oder es kommt mit Rücksicht auf unser Vorhaben zu gewissen Eingriffen in den normalen Stundenplan. Das ist für die Betroffenen unangenehm, und die kollegialen Reaktionen können einen engagierten Spielleiter schon »nerven«. Doch auch hier kann nur Geduld helfen, Gelassenheit und die Überzeugung, für eine gute Sache zu streiten. Ein Spielleiter, der in schwierigen Situationen »explodiert«, ist schon im Berufstheater problematisch, für das Schultheater ist er fehl am Platze.

Kostüm und Schminke

Die Frage der äußeren Gestaltung eines Spiels wird leicht überbewertet, mitunter aber auch allzu nebensächlich behandelt. Beides ist falsch. Der Mittelweg dürfte der richtige sein, das heißt: wir sollten die gestalterischen Möglichkeiten des Kostümierens und Schminkens nicht unterschätzen, denn von ihnen geht ein ganz besonderer Zauber aus, der es dem Spieler leichter macht, in die »Haut« des Menschen zu schlüpfen, den er in seiner Rolle zu verkörpern hat. Nur müssen wir uns davor hüten, zu früh von dieser Verwandlungsmöglichkeit Gebrauch zu machen. Der Einsatz von Spielkostümen bei den Proben sollte in der Regel erst dann erfolgen, wenn wir so weit fortge-

schritten sind, daß die einzelnen Szenen »stehen«, unsere Spieler in Sprache, Mimik und Gebärden unseren Vorstellungen entsprechen und der Spielraum von ihnen beherrscht wird.
Jetzt – etwa im letzten Probendrittel – kommt die Kostümierung, zumindest andeutungsweise, zur inneren Darstellungskraft hinzu und gibt dem Spieler noch mehr Sicherheit.
Gedanken über die Kostümierung können wir uns nicht früh genug machen. Vielleicht sollten wir eine Arbeitsgruppe in der AG damit beauftragen. Den Weg zum gewerblichen Kostümverleih dürfen wir getrost von vornherein ausschließen. Wenn wir Glück haben, finden wir bei Fachlehrern (Kunsterziehung, Nadelarbeit, Polytechnik) konstruktive Hilfe. Viele praktische Anleitungen zur Gestaltung von Spielkleidern, Kopf- und Fußbekleidung gibt Paul Leonhardt in seinem Büchlein »Kleine Kostümkunde«. Es ist in einer Zeit entstanden, »in der Materialien und Stoffe noch nicht im Überfluß vorhanden waren und in der deshalb handwerkliches Geschick und Improvisationsvermögen, also ökonomischer Umgang mit dem Material, besonders gefördert wurden. Sich auf diese Fähigkeiten zurückzubesinnen, ist heute nicht nur wegen der damit verbundenen Kosteneinsparung gefragt. Einfache Stoffe und entsprechende Schnitte dienen dem Spielleiter auch als Stilmittel zur pointierten Hervorhebung der Charaktere.«[26])
Mit dem Schminken können wir getrost bis zur Hauptprobe warten. Mit Sicherheit kommen wir ohne einen Schminkfachmann aus. Ein versierter Theaterfriseur, der unseren Spielern kunstgerecht »Maske macht«, könnte damit einen ungewollten Schaden anrichten, indem es hier zu einer von ihnen nicht zu bewältigenden Diskrepanz zwischen der äußeren Maske und der tatsächlichen Gestaltungskraft der Spieler kommen kann. Paul Leonhardt plädiert für eine sparsame Verwendung der Schminkmittel: »Ein paar Schminkstifte bedeuten für eine Spielgruppe

einen Schatz. In natürlicher, sparsamer Weise kann man damit einem Wirt die Nase röten, dem Lumpen ein unrasiertes Gesicht geben, dem strengen Richter eine Falte zwischen die Augenbrauen ziehen und dem Schreiber ein Spitzbärtchen ans Kinn malen.«[22]

Das soll nicht heißen, daß gegebenenfalls ein gründlicheres Schminken dem Schulspiel abträglich sei. Bei älteren Spielern kann es durchaus »das Pünktchen aufs i« einer Aufführung bedeuten. Nur müssen wir darauf achten, daß wir – um in der Theatersprache zu bleiben – zwar »Maske machen«, doch die Gesichter unserer Spieler nicht in Masken verwandeln dürfen. Ihre Mimik sollten wir auf keinen Fall »zuschminken«. Viele brauchbare Schmink-Tips erhält man durch Yvonne und Harald Nadolnys reich bebildertes Werkbuch »Phantasievolles Schminken«. Hier erfährt man auch das Wichtigste über das benötigte Material.[27])

Beim Einkauf unserer Schminkutensilien (Farbpuder, Rouge, Lippen- und andere Schminkstifte, Abschminke u. a.) lassen wir uns möglichst durch einen Fachdrogisten beraten.

Bühne und Beleuchtung

Auch ein Bühnenbild brauchen wir, falls es überhaupt erforderlich ist, erst zum Ende unserer Probenarbeit. Spätestens aber bei Beginn der Proben auf der endgültigen Spielfläche (Bühne, Podium) – und es wäre schön, wenn das etwa nach dem zweiten Drittel unserer Arbeitszeit an dem Projekt sein könnte – müssen wir wissen, welchen Platz das Bühnenbild und größere Requisiten und Versatzstücke (= bewegliche Bühnendekorationen) später einnehmen werden, um das in unserer Raumregie berück-

sichtigen zu können. Wir werden schon bei der Spielauswahl in Betracht ziehen müssen, welche Art von Spielfläche uns für die Aufführung zur Verfügung stehen wird. Im einfachsten Falle ist das ein Spielfeld, das sich auf gleicher Ebene mit den Zuschauern befindet (Saal, Turnhalle o.ä.). Das nächste wäre ein Spielpodium ohne Vorhang. Als Notlösung kann ein solches Podium aus gleichgroßen Tischen zusammengefügt werden, die man dicht nebeneinanderstellt und mit Stricken fest verbindet. Und dann ist da die Vorhangbühne mit einer mehr oder weniger großen Tiefe, die vielleicht sogar ein Vorpodium hat, das von rechts und links und – im Idealfall – auch von der Mitte durch Treppen zu begehen ist. Wenn wir auch sicher ohne Vorhang auskommen, sollten wir diesen in seiner Bedeutung nicht unterschätzen. Karl Seidelmann sagt hierzu treffend: »Der Vorhang ist eine Art Zaubermantel, ausgebreitet vor der majestätischen Welt des Spiels.«
Eines ist sicher: Wir können als Spielleiter nicht auch noch für die Einrichtung der Bühne und den Bau von Requisiten und vielleicht sogar Kulissen verantwortlich zeichnen. Hier sind wir einfach auf die kollegiale Hilfe seitens der Werklehrer und Kunsterzieher angewiesen, die entsprechend geeignete Schüler heranzuziehen wissen. Eine sehr praktikable Hilfe bietet dafür Paul Leonhardt mit seinem kleinen Werkbuch »Bühne und Beleuchtung«.[28] Man wird darin mit einer Vielzahl von Gestaltungsmöglichkeiten vertraut gemacht, und zahlreiche einfache Zeichnungen erleichtern unseren »Bühnengestaltern« das praktische Nachvollziehen. Natürlich kann deren Arbeit für das Gesamtvorhaben nur hilfreich sein, wenn es in allen Einzelheiten mit der Spielleitung abgestimmt ist.
Das gilt auch für die Fragen der Beleuchtung, für die in dem erwähnten kleinen Werkbuch ebenfalls wertvolle Anregungen gegeben werden. Paul Leonhardt sagt dazu: »Welche Form die

Bühne auch haben mag, sie kann nur durch gutes Licht zur vollen Wirkung kommen, und jedes Stück, welcher Art es auch sei, kommt nur zur Geltung, wenn man es ins rechte Licht rücken kann. Von den ›stummen‹ Faktoren, die ein Spiel beeinflussen, ist das Licht einer der entscheidendsten. Das helle Bühnenlicht kann wie ein Vorhang vor dem verdunkelten Saal wirken und manchem Spieler das Agieren erleichtern, weil er die Zuschauer nicht mehr sieht. Für diese aber hebt das Licht das Geschehen auf der Bühne aus dem Dunkel des Saales heraus und zwingt sie zur Aufmerksamkeit. Licht modelliert ein Gesicht, Licht löst die farbigen Kostüme vom Hintergrund und erzeugt lebendige Schatten. Je weniger Illusionshilfe unsere modernen Bühnenbilder bieten, desto wichtiger wird die Rolle des Lichtes.«[28])

Achten wir darauf, daß die Gesichter unserer Akteure, wenn sie im Vordergrund spielen, niemals im Scheinwerferschatten liegen. In jeder größeren Schule gibt es technisch interessierte und versierte Kollegen und ältere Schüler, die sich gern verantwortlich der Aufgaben der Beleuchter unterziehen. Auch dabei gilt wieder der Grundsatz, daß die Lichtregie im Bühnenbild Teil der Gesamtregie sein muß.

Und schließlich kann durch die Beleuchtung auch ein fehlender Vorhang ersetzt werden. Wenn der Zuschauerraum abgedunkelt und die Bühne vom Scheinwerferlicht erfaßt wird, kommt das in der Wirkung auf den Zuschauer dem sich öffnenden Vorhang gleich. Das schlagartige totale Erlöschen der Bühnenbeleuchtung am Ende einer Szene oder eines Spiels (das Blackout) ist mitunter effektvoller als ein sich langsam schließender Vorhang. Man sollte es sogar vorziehen, wenn man sich auf ein störrisches Exemplar dieser Gattung nicht ganz verlassen kann. Natürlich lassen sich Vorhang und Blackout auch kombinieren.

Haupt- und Generalprobe

Bei den letzten Proben, spätestens aber bei der der Generalprobe vorausgehenden Hauptprobe, testen wir den Ernstfall. Dann muß alles zusammenpassen: Spiel, Maske (Schminken), Kostüme, Requisiten, Bühnenbild, Beleuchtung, Geräusche und vielleicht auch Musik.

Von jetzt an müssen wir uns voll auf eine Reihe von Helfern verlassen können, die nach außen nicht in Erscheinung treten, deren verantwortliche Mitwirkung aber das Gelingen einer jeden Aufführung erst ermöglicht.

Die Aufgaben der Beleuchter, die nun auf dem Posten sein müssen, wurden schon bei einigen Proben vorher festgelegt. Der Garderobier und die Garderobiere helfen den Spielern beim Ankleiden und sorgen dafür, daß alles richtig sitzt und zusammenpaßt. Das gilt auch für das Schuhwerk und die Kopfbedeckungen. Wichtig ist das besonders, wenn ein schneller Wechsel der Bekleidung oder einzelner Kostümteile erforderlich wird. Der oder die Maskenbildner sind für das Schminken zuständig, natürlich in der durch den Spielleiter festgelegten Form. Der Bühnenmeister sorgt mit seinen Helfern für den Aufbau des Bühnenbildes und der entsprechenden Versatzstücke. Er hält stets die erforderlichen Requisiten bereit und ist Herr über den Vorhang (wenn vorhanden). Ist bei abgedunkelter offener Bühne umzubauen, sollten er und seine Bühnenarbeiter in dunklen Trainingsanzügen agieren.

Die Souffleuse – in der Regel sind weibliche Stimmen für diese Aufgabe besser geeignet als männliche – hat die Einstudierung des Spiels mitgemacht und steht vielleicht als Doppelbesetzung für eine wichtige Rolle in Reserve. Jetzt hat sie einen verdeckten Platz in der Kulisse, verfolgt das Spiel anhand ihres Rollenbuches Wort für Wort und flüstert den Spielern, die mit ihrem Text vor Aufregung ins »Schwimmen« geraten sollten, ihre Einsätze so deutlich zu, daß diese sie verstehen, die Zuschauer sie aber nicht hören. Ein Souffleurkasten vor der Bühne ist zwar für diese Aufgabe besonders geeignet, wird uns aber wohl kaum zur Verfügung stehen.

Und dann ist da noch die überaus wichtige Funktion des Inspizienten oder der Inspizientin. Auch Schüler, die diese Aufgaben übernehmen, haben an den Proben teilgenommen und besitzen ein Textbuch mit den für den Ablauf des Spiels gültigen Regieanordnungen. Sie sorgen für die richtigen Auftritte der Spieler zur rechten Zeit und sind für die minutiösen Einsätze der Geräusche sowie einer etwaigen Bühnenmusik (von Kassette) verantwortlich. Auf ihr Zeichen läßt der Bühnenmeister den Vorhang aufgehen oder sich schließen.

Bei der Hauptprobe unterbrechen wir nicht mehr, auch wenn uns das hin und wieder noch so notwendig erscheinen sollte. Wir notieren uns unsere Beanstandungen und lassen das Spiel erst einmal durchlaufen. Danach besprechen wir Punkt für Punkt, machen unsere Korrekturvorschläge und proben – wenn es uns notwendig erscheint –, anschließend oder zu einem späteren Termin noch die eine oder andere Szene.

Die Generalprobe ist faktisch schon die erste Aufführung. Dazu laden wir uns auch bereits Zuschauer ein: ein paar interessierte Kollegen und vielleicht die eine oder andere Klasse. Ihre Kritik kann uns nützlich sein, wenn sie sich auf Nuancen bezieht. Am Gesamtkonzept der Einstudierung ist jetzt nichts mehr zu ändern.

Wir halten es nicht mit dem alten Bühnenaberglauben, daß eine Aufführung um so besser wird, je mehr Pannen es bei der Generalprobe gegeben hat. Wir sollten aber auch nicht unseren

Optimismus verlieren, wenn noch nicht alles so verläuft, wie wir es uns wünschten. Gerade von unserem Verhalten nach der Generalprobe hängt jetzt viel für das Gelingen der Aufführung ab.

Unsere Spieler und Helfer haben womöglich aus durchaus verständlicher Nervosität und Spannung manches verpatzt, was kritisiert werden muß. Und wir als Spielleiter sind natürlich auch »aufgeladen«. Aber wenn wir in dieser Situation jedem Mitglied unserer Arbeitsgemeinschaft einen »Ausrutscher« zubilligen sollten, können und dürfen wir uns selbst einen Fauxpas nicht leisten.

Nachdem unsere Probengäste uns verlassen haben, ziehen wir im Kreise unserer Gruppe das Resümee. Hier darf alles kritisiert werden, was Spieler, Helfer und Spielleiter für notwendig halten, doch kommt es jetzt mehr denn je auf das Wie an. Wir wirken jeder emotional betonten und vielleicht sogar verletzenden Kritik entgegen und legen dementsprechend an unsere eigenen Äußerungen einen besonders strengen Maßstab an.

Jetzt geht es darum, die einzelnen Spieler und Mitarbeiter, die vielleicht stellenweise versagt haben, und darüber hinaus die ganze Mannschaft zu ermutigen, indem wir Zuversicht ausstrahlen. Alle sollten der bevorstehenden Aufführung mit der Motivation entgegensehen, daß sie dabei ihr Bestes leisten können und wollen.

Nun erst dürfen wir die Erarbeitung unseres Spiels als abgeschlossen betrachten.

Die Aufführung

Wenn wir uns so planmäßig, ohne Hast und mit ungetrübter Spielfreude auf die Aufführung(en) vorbereitet haben, wird auch der erwünschte und verdiente Erfolg nicht ausbleiben. Gewiß geht es nicht ohne Aufregung (»Lampenfieber«) ab, die Spieler, Helfer und Spielleiter erfaßt. Nur sollten wir selbst uns das nicht merken lassen.

Natürlich gehören wir bei der Aufführung hinter die Bühne zu unseren Spielern. Aber es gibt in dieser Situation nichts Schlimmeres, als einen Spielleiter, der – Textbuch und Spielkonzept unter dem Arm – aufgeregt von einem zum anderen Spieler läuft, um letzte gute Ratschläge zu erteilen.

Alle Funktionen sind vergeben, jeder Spieler und Helfer ist auf seinem Platz. Das Spiel kann beginnen, und der Spielleiter sollte der »ruhende Pol in der Erscheinungen Flucht« sein. Wenn kurzfristig sein Rat gebraucht wird, so ist er zur Stelle, und mit Ruhe und Zuversicht bagatellisiert er kleine Pannen. Schließlich ist unsere Arbeitsgemeinschaft kein Berufstheater, und selbst dort geht mal etwas schief.

Wenn dann der letzte Beifall verrauscht ist, sind wir alle merklich erleichtert, glücklich und ein bißchen stolz auf unsere Gemeinschaftsleistung. Und für die nächste Spielaufgabe haben wir viel hinzugelernt und machen gewiß noch manches besser.

Noch eine Anmerkung am Rande zur Festlegung des Aufführungstermins oder der -termine: In einer Zeit, in der die Massenmedien – man mag das gutheißen oder bedauern – einen immer größeren Raum im Freizeitverhalten unserer Mitmenschen beanspruchen, sollten wir nicht so ehrgeizig sein, gegen Fußball und Spitzen-Tennis-Übertragungen sowie gegen manche besonders beliebte »Serien« anzukämpfen. Hier sitzen wir am kürzeren Hebel. Auch ist es empfehlenswert, sich rechtzeitig und möglichst gründlich über den lokalen Veranstaltungskalender zu informieren. Hierbei dürften Bürgermeisterämter und Zeitungsredaktionen hilfreich sein. Es wäre doch zu schade, wenn uns nach aller Arbeit und Werkbegeisterung der Besuch unserer Aufführung(en) enttäuschen würde!

Vom Spiel im Freien

Gewiß kann unsere Theater-AG auch im Freien in Aktion treten und das bei den verschiedensten Anlässen und mit sehr unterschiedlichen Darbietungen. Wir müssen uns aber vorher darüber im klaren sein, daß das Freilichtspiel seine besonderen Gesetze hat und man nicht ohne weiteres eine für die Saalbühne vorgesehene Einstudierung auf den Schulhof oder eine noch so schön gelegene Freilichtbühne übertragen kann.

Schulhof- und Straßentheater

Die einfachste Form dieser Gattung erinnert an das Auftreten fahrender Gaukler auf mittelalterlichen Märkten. Da feiert man ein Schulfest, und der Schulhof oder ein großer Platz vor oder in der Nähe der Schule bietet den verschiedensten Projektgruppen Raum für ihre Spiel-, Ausstellungs- oder Verkaufsstände. Die Gäste bewegen sich dazwischen, und das Ganze hat einen gewissen Volksfestcharakter.
Mitten darunter steht ein einfaches Podium, auf dem bunt ausstaffierte Akteure einen Sketch, einen lustigen Einakter oder eine Rüpelszene (hier kann durchaus Hans Sachs zu Ehren kommen!) darbieten. Und wenn das nicht zu lange dauert – fünfzehn Minuten sollten nicht überschritten werden –, kann man das Spiel in gewissen Zeitabständen wiederholen.

Es wäre schön, wenn sich das Spielpodium nach hinten an eine Gebäudewand anlehnen könnte oder durch eine Plane abgedeckt wäre. Die Zuschauer stehen im Halbkreis davor, und da an den anderen Aktionsplätzen während der Vorführung nichts »laufen» darf (!), wird es auch an der nötigen Aufmerksamkeit nicht fehlen. Achten wir bei der Auswahl unseres Spielplatzes auf die Akustik und die Lichtverhältnisse. Am besten ist es, wenn die Sonne schräg auf die Bühne fällt. Auf keinen Fall dürfen die Zuschauer von ihr angestrahlt werden, dann schon eher die Spieler. Deren Stimmen müssen eine gewisse Tragkraft haben, ohne daß sie etwa schreien. Ihre Gestik sollte stark ausgeprägt sein, und überhaupt muß viel Aktion herrschen. Kammerspiel ist hier wirklich nicht gefragt.

Ähnliches gilt auch für das Straßentheater, mit dem vielleicht eine Spielgruppe in die Fußgängerzone geht. Dafür braucht man noch nicht einmal ein Spielpodium. Man muß in Kauf nehmen, daß ein paar Minuten vergehen, bevor die Passanten auf unser Vorhaben aufmerksam werden, stehen bleiben und um unseren Aktionsbereich einen Kreis bilden. Wir spielen deshalb den Beginn unserer Szene etwas breiter aus und lassen unter Umständen einen »Marktschreier« (mit Handglocke oder Trommel) auftreten, der das hochwohllöbliche Publikum auf das geplante Spektakulum hinweist. Bei dieser Spielform gibt es weder vorn noch hinten, und wir müssen alle Zuschauer rundum ansprechen.

Ein solches Straßentheater eignet sich besonders als Werbung für eine größere Theateraufführung oder eine andere Veranstaltung der Schule. Wir erlebten ein sehr gutes Beispiel dafür mit dem verkürzten Rüpelspiel aus dem »Sommernachtstraum«, mit dem die Theater-AG einer gymnasialen Oberstufe für ihre Einstudierung der unsterblichen Komödie in unserer Fußgängerzone warb.

Großes Freilichtspiel

Sind diese kurzen Spieldarbietungen im Freien verhältnismäßig leicht zu realisieren, erfordert das große Freilichtspiel einen Arbeitsaufwand, der einer entsprechenden Einstudierung für die Saalbühne in nichts nachsteht.

Natürlich hat es seinen besonderen Reiz, ein geeignetes Stück an einer Waldlichtung, in einem Park, am Seeufer oder in Anlehnung an ein markantes Gebäude (Schloß, Kirche, Ruine, Fachwerkhaus) darzubieten. Aber auch der alltägliche Schulhof kann in ein großes Freilichttheater mit einem umfangreichen Podium mit Vorbühne verwandelt werden.

Die Freilichtbühne hat für ihre Darsteller mehrere Spielflächen und die verschiedensten Auftrittsmöglichkeiten. Sie gestattet auch große Auf- und Abzüge für viele Mitwirkende. Wenn es sich bei ihr um keine ortsfeste Einrichtung handelt, werden die Sitzplätze improvisiert sein. In der warmen Jahreszeit bietet auch der Boden hinreichend Platz. Vorsichtige bringen sich Decken mit. Entscheidende Voraussetzung ist schönes Wetter, und das macht die Terminierung so schwierig und das Ganze zu einem Wagnis.

Haben wir uns aber dafür entschieden, müssen wir bei unserer ganzen Spielarbeit daraus auch die Konsequenzen ziehen. Das beginnt schon bei der Auswahl eines entsprechenden Textes. Für Freilichtaufführungen eignen sich besonders Stücke mit zahlreichen Darstellern in großen Szenen, die man gut ausspielen kann. Innenräume werden durch ein paar Versatzstücke und Requisiten angedeutet. Wichtig aber ist es, eine vorhandene Naturkulisse möglichst weitgehend in das Spielgeschehen mit einzubeziehen.

Bei der Einrichtung des Spieltextes und bei seiner Einstudierung sind die besonderen Gegebenheiten unseres Freiraumtheaters (Tiefe der Bühne, mehrere Spielebenen, Auftrittsmöglichkeiten) zu berücksichtigen. Für eine Freilichtaufführung kann nicht oft genug an Ort und Stelle geprobt werden. Die Raumregie ist hier noch weit wichtiger als beim Spiel auf der Saalbühne. Eine stark ausgeprägte Mimik und Gestik ist bei den Darstellern unverzichtbar, und der Sprache kommt eine noch größere Bedeutung zu. Unakzentuiertes und spannungsloses Sprechen darf keinesfalls geduldet werden.

Im übrigen gilt das meiste, was in dem vorhergehenden Kapitel zur Einstudierung eines Stückes gesagt wurde, auch hier.

Spielen wir bei Tageslicht, ersparen wir uns das Beleuchtungsproblem. Die Sonne darf jedoch den Zuschauern nicht ins Gesicht scheinen. Beginnen wir aber in der Dämmerung und agieren – was sehr eindrucksvoll sein kann – in die anbrechende Nacht hinein, brauchen wir unsere Helfer von der Scheinwerfertechnik.

Eine Freilichtaufführung ist schon eine großartige Sache, und eine Theater-AG und ihr Leiter werden diese Aufgabe um so leichter bewältigen, je mehr Spielerfahrung sie bereits besitzen. Das Risiko einer hin und wieder verregneten Veranstaltung muß man allerdings in Kauf nehmen.

Und das Fazit?

Hoffentlich konnten Sie, liebe Frau Kollegin, oder Sie, lieber Herr Kollege, Ihre Theater-Arbeitsgemeinschaft ein Schuljahr lang an allen gefährlichen Klippen vorbeisteuern. Es wäre erfreulich, wenn die bekannten ›schulischen Zwänge‹ Sie dabei verschont hätten und Ihre AG nicht zwischendurch pausieren mußte, weil Sie selbst – aus welchen Gründen auch immer – dafür im planmäßigen Unterricht vertretend eingesetzt wurden. Vielleicht ist es Ihnen gelungen, auch andere Kolleginnen und Kollegen an der Arbeit der Theater-AG nicht nur zu interessieren, sondern sie sogar zur zeitweiligen konstruktiven Mitarbeit und Hilfe zu gewinnen. Eigentlich sollte es ja selbstverständlich sein, daß man Sie mit den oft fächerübergreifenden Aufgaben, denen Sie sich stellen mußten, nicht allein gelassen hat. Wo gespielt wird, da wird auch gesungen und musiziert, da kommen manche andere gestaltende Künste zur Geltung.
Eine Theater-AG dürfte nicht nur die kreativen Fähigkeiten ihrer Mitglieder wecken und fördern, sie wird darüber hinaus mit den Ergebnissen ihrer Arbeit auch ausstrahlen auf die ganze Schulgemeinde und Akzente setzen in einem nicht immer sonnigen Schulalltag. Eine Schule sollte wissen und anerkennen, daß eine aktive und gute Theater-AG für sie eine nicht hoch genug einzuschätzende Bereicherung darstellt.

Anhang: Möglichkeiten des fremdsprachlichen Spiels

Ein Erfahrungsbericht von Carola Finke

1. Vorbemerkung

Schon die wenig eindeutige Festlegung im Titel dieses Beitrages dokumentiert, daß hier kein zusammenhängender Kurs entwikkelt werden kann, der von Doppelstunde zu Doppelstunde den Aufbau einer Theater-AG beschreibt, wie dies im Hauptteil des Buches erfolgt ist. Dazu sind die unterrichtlichen und schulischen Bedingungen, die fremdsprachliches (Theater-)Spiel begünstigen würden, viel zu wenig einschätzbar. Wann hat man schon im alltäglichen Fremdsprachenunterricht genügend Zeit zum Theaterspiel? Und außerhalb dieses Unterrichts? Gibt es da denn überhaupt Möglichkeiten? –

Wenn man den Unterrichts- und Schulalltag einmal etwas gründlicher auf vielleicht auch nur ganz bescheidene spielerische Ansätze »abklopft« und dabei den Begriff des (Theater-)Spiels möglichst weit faßt, wird man erstaunt sein, welche breite Palette spielerischer Aktivitäten vor einem liegt bzw. aus eben diesen Ansätzen entwickelt werden kann.

Die Möglichkeiten rangieren von der kleinen nachgespielten Lehrbuchszene im Unterricht bis zum fremdsprachlichen Theaterspiel in außerunterrichtlichen Projekten und von der vorgefertigten Spielvorlage bis zum selbsterstellten Skript. Die Ziele erstrecken sich vom Bereich des Spracherwerbs und des

Umgangs mit der Sprache bis zu dem der Interaktion und Selbstfindung usw.

Dieser Beitrag will die verschiedenen Möglichkeiten des fremdsprachlichen Spiels und deren Vorzüge aufzeigen. Das Schwergewicht wird dabei auf dem Bereich liegen, der weder zu selbstverständlich, da inzwischen in die Fremdsprachendidaktik und -methodik integriert, noch zu unerreichbar bzw. vom muttersprachlichen Theater übertragbar ist.

Aufgrund der schwer einschätzbaren Voraussetzungen und Bedingungen in Schule und Unterricht darf die Unterteilung in einzelne Abschnitte auf keinen Fall als alleingültig angesehen werden. Da die Verfasserin ihre Erfahrungen aus dem Lehren des Englischen bezieht, wird oft der Einfachheit halber vom Englischunterricht gesprochen. Daß damit natürlich der gesamte neusprachliche Unterricht gemeint ist und die praktischen Beispiele auch übertragbar sind, sollte als selbstverständlich gelten. Schließlich verwendet sie aus demselben Grund des öfteren den Begriff des *acting*. Er soll als relativ neutrale Bezeichnung für jegliche (schau-)spielerische Aktivitäten gelten, für die der Begriff »Spiel« vielleicht mißverständlich, der des »Theaters« oder des »Schauspiels« zu anspruchsvoll und der des »Laienspiels« irreführend ist.

2. *Acting* als eine methodische Möglichkeit des Englischunterrichts

Unumstritten dürfte die positive Wirkung des Spiels im Unterricht für Motivation und Sprachsicherheit sein. Gerade bei einer Fremdsprache ist es wichtig, daß man sie nicht nur über Buch, *workbook* und Heft gebeugt und von Übung zu Übung fortschreitend erwirbt, sondern sie frei anwendet, sich in – wenn auch nur simulierte – Kommunikationssituationen einfühlt und schließlich die Fremdsprache als Medium zur Artikulation eigener Interessen und sogar Emotionen kennenlernt. Der auf diese Art affektivere und identifikatorische Umgang mit der Fremdsprache bringt Lernerfolge, die auch viel weniger der Gefahr des Vergessens unterliegen.

Unterschiedliches Alter und Sprachniveau bedingen, daß bei Sprachanfängern das Hauptziel des *acting* im Bereich der Motivation liegt, während es bei Fortgeschrittenen auf die Förderung der vielbeschworenen kommunikativen Kompetenz und Sprechbereitschaft ankommt.

Diese unterschiedlichen Ausgangsbedingungen führen außerdem zu einer gewissen »Stufung« der Möglichkeiten des *acting*, die hier kurz dargelegt werden:

Lehrbuchtexte nachspielen

Anfänger läßt man zunächst möglichst wortgetreu nachspielen, damit sich zu erwerbende Strukturen einschleifen. Das kann spontan im Unterricht mit dem Buch in der Hand erfolgen. Man kann aber durchaus auch als Hausaufgabe das Auswendiglernen vorher verteilter Rollen aufgeben. Je nach Anzahl der Rollen bzw. der Länge des Textes nimmt man eine Doppelbesetzung vor oder aber unterteilt einzelne Rollen in z. B. Tom I und Tom II, Mrs Scott I und Mrs Scott II o. ä. Es empfiehlt sich, Rollenschilder (in unserem Beispiel mit den Aufschriften »Tom«, »Mrs Scott« usw.) zum Umhängen vorzubereiten, die dann jeweils die Spieler *einer* Rolle untereinander weiterreichen. Dadurch wird für die Zuschauer die Kontinuität *einer* Rolle besser verdeutlicht. Eine andere Möglichkeit wäre das Weitergeben von rollenspezifischen Kleidungsstücken oder Requisiten wie z.B. Schirmmütze, Pfeife, Krawatte, Jacket, Schirm, Umhängetasche o.ä.

Da es sich bei Lehrbuchtexten in den Anfängerklassen um Mischtexte aus Dialogen mit eingestreuten Erzählpassagen handelt, hat man auch durch eine entsprechende Einteilung in Erzähler I, Erzähler II etc. eine zusätzliche Möglichkeit zu differenzieren bzw. die Rollen und Aufgaben der Schülerzahl anzupassen.

Lehrbuchtexte improvisiert nachspielen bzw. dramatisieren

Als nächster Schritt bietet sich an, Texte, die man gründlich erarbeitet hat, frei nachspielen zu lassen. Während das wortgetreue Nachspielen hauptsächlich – neben der bereits mehrfach erwähnten Motivation – dem Einüben von Aussprache und Strukturen dient, geht es beim freien Nachspielen darum, daß Schüler und Schülerinnen im Anwenden der Strukturen Sicherheit gewinnen. Eine weitere Schwierigkeit liegt im spielerischen Umsetzen von reinen Erzähltexten. Dies kann »aus dem Stand heraus« geschehen oder aber auf der Grundlage einer vorher – vermutlich in Partner- oder Gruppenarbeit – erfolgten schriftlichen Fixierung.

Lehrbuchtexte verändert spielen

Nicht selten fordern unnatürlich konstruierte Lehrbuchgeschichten geradezu eine Veränderung heraus. Man kann Rollen glaubwürdiger gestalten, neue hinzuerfinden, der Geschichte eine andere Wendung oder einen neuen Schluß geben, sie gar parodieren etc. Die Möglichkeiten des spielerischen Umgangs mit Texten – wiederum improvisiert oder nach sorgfältiger

Skripterstellung – sind unbegrenzt. Ein größeres Projekt einer derartigen Lehrbuchtext-Umgestaltung als Theaterstück wird in Abschnitt 3 (s. S. 142ff.) beschrieben.

Authentische Texte (Lieder, Witze, Anekdoten u.a.) spielerisch aneignen und weiterentwickeln

Auch hier gibt es vielfache Möglichkeiten. Man denke nur an die pantomimische Darstellung von englischen Kinderliedern (*songs in action*). Dabei werden Vokabular oder bestimmte grammatische Strukturen durch entsprechende Mimik und Gestik in ihrer Bedeutung sozusagen erspielt bzw. physisch erlebbar gemacht. Hier ein Lied als Beispiel herauszugreifen, müßte zwangsläufig willkürlich sein. Eine hervorragende Sammlung geeigneter Lieder bieten Ian Beck und Karen King in ihrem Buch *Oranges and Lemons – singing and dancing games*[29]). Wie dem Untertitel zu entnehmen ist, bieten diese Autoren bereits Anregungen für die spielerische Umsetzung. Mindestens ebenso reizvoll kann es aber auch sein, die entsprechende »Begleitgestik« mit den Schülern gemeinsam zu entwickeln. Der Untertitel des zitierten Buches deutet schließlich noch die Möglichkeit der tänzerischen Umsetzung an. Man kommt vielleicht so schnell gar nicht darauf, daß auch das für den Spracherwerb Vorteile bringt, aber der affektive Wert solcher Aktivitäten kann nicht hoch genug bewertet werden.

Im tänzerischen Bereich wird man vermutlich doch gern auf erarbeitete Choreographien zurückgreifen. Für Jüngere geeignet erscheint das erwähnte Buch, und selbst *Square Dancing* findet mit Text- und Beschreibungsbuch sowie Kassette (mit Liedern und sogar *caller*) allmählich seinen Weg in die Schulbuchverlage[30]). Während die Umsetzung von Liedern vor allem für jüngere Schüler und Schülerinnen in Betracht kommt, ist auch in den oberen Klassen – vielleicht in Zusammenarbeit mit dem Musikunterricht – ein aktiverer Umgang mit manchen fremdsprachlichen Liedtexten denkbar, als ausschließlich hören, lesen oder interpretieren zu lassen.

In verschiedenen Jahrgangsstufen kann man, je nach sprachlichem Schwierigkeitsgrad, Witze, Anekdoten o.ä. an Kleingruppen verteilen mit dem Auftrag, diese zu erarbeiten und spielerisch an die Mitschüler weiterzuvermitteln. Die Lernenden gehen mit einem viel gezielteren Verstehensinteresse an die Erarbeitung solcher Texte, wenn sie den Reiz und die Verantwortung spüren, diese durch das Spiel für die Mitschüler und Mitschülerinnen verständlich zu machen. Natürlich eignen sich nicht alle Texte gleich gut zur Dramatisierung, aber man sollte das kreative Potential der Lernenden auch nicht unterschätzen. Sie finden oftmals Wege der Umsetzung, an die man selbst nicht gedacht hätte.

Vokabular, Redewendungen und Strukturen im einfachen Rollenspiel einüben

Es ist wohl unumstritten, daß sich kommunikatives Verhalten bzw. viele Wortfelder oder Sachgebiete durch freies Spiel und damit simulierte Sprachverwendungssituationen besonders gut einüben lassen. Ohne großen Aufwand hat man zu diesem Zweck einen Metzger- oder Gemüseladen, ein Bekleidungsgeschäft, ein Postamt, das *information desk* eines Kaufhauses oder Hotels, einen Bahnhof, ein Krankenhaus, eine Stadt, in der man den Weg nicht weiß, eine Theaterkasse, ein Wartezimmer beim Arzt, ein Verkehrsbüro etc. geschaffen.

Rollenspiele als Form einer inhaltlichen Auseinandersetzung

Immer wieder bieten heute fast alle Fremdsprachenlehrwerke Gelegenheit zur eigenen Meinungsäußerung (»*What's your opinion?*«) und bereiten durch präzise Situations- bzw. Konflikt- und Rollenbeschreibung ein Rollenspiel bereits vor. Man kann aber aus besprochenen Themen auch selbst das *setting* für ein Rollenspiel ableiten (vgl. hier: Theater-AG, erstes Halbjahresvorhaben, 10. Doppelstunde; S. 44ff.)[31]).

Am anspruchsvollsten in inhaltlicher und sprachlicher Hinsicht ist wohl eine *English Debate* (vgl. auch hier: Theater-AG S. 40ff.), in der nach gründlicher thematischer Durchdringung und mit Hilfe von Redemittelvorgabe bzw. -training unter Leitung einer *chair person* ein kontroverses Thema im Plenum diskutiert wird, nachdem je zwei *proposers* und *opposers* ihre Standpunkte dargelegt haben. Vorher und nachher findet eine Abstimmung (»*Who is in favour of the motion?*« etc.) statt, um zu erkennen, ob die Debatte zu einer Meinungsverschiebung geführt hat.

Kreativ-spielerischer Umgang mit fremdsprachlicher Literatur

Auch hierbei handelt es sich um eine methodische Möglichkeit, die nur der Vollständigkeit halber bzw. als Anregung erwähnt, nicht aber detailliert beschrieben werden soll, da sie in den Bereich der fremdsprachlichen Literaturmethodik für Oberstufen gehört und den Rahmen dieses Buches sprengen würde. Mit

- dem ausdrucksstarken Vortragen oder gar Spielen einzelner Szenen,
- dem Umgestalten des Schlusses,

– dem Erarbeiten von Regieanweisungen zu einzelnen dramatischen oder sogar epischen Texten,
– dem Erstellen eines Stückes, in dem die Nebenfiguren des Originals stärker zum Tragen kommen etc.

werden weniger sprachliche Lernziele verfolgt. Dafür aber wird versucht, eine zusätzliche inhaltlich-interpretatorische Erhellung der literarischen Textvorlage zu erreichen.

3. »*Acting in English*« außerhalb des regulären Unterrichts in Arbeitsgemeinschaft, Projektwoche u. ä.

In diesem Abschnitt sollen einige Ideen und Möglichkeiten für fremdsprachliches Theaterspiel aufgezeigt werden, für die im täglichen, in 45-Minuten-Einheiten eingeteilten Sprachunterricht leider nur selten genügend Raum ist. Meist hat man alle Mühe, das von Lehrbuch und Fachkonferenz vorgegebene bzw. selbst auferlegte stoffliche Pensum zu bewältigen. Es wäre um so erfreulicher, wenn diese Erfahrungen die Ausnahme darstellten. In diesem Falle, wie auch in dem der meist größeren Freiräume in oberen Klassen und in der lehrbuchunabhängigen, kursorientierten Arbeit der Oberstufe, lassen sich die folgenden Anregungen vielleicht auch in den »normalen« Unterricht integrieren. Hier wird deutlich, wie sich dieser und der vorige Abschnitt überschneiden, denn natürlich können auch umgekehrt manche der im 2. Abschnitt dargelegten Möglichkeiten (z. B. das Umschreiben und Dramatisieren von Texten) für die Verwendung in außerunterrichtlichen, theaterorientierten Lerngruppen entsprechend ausgebaut werden.

Das Problem, für eine Gruppe Spielwilliger geeignete Stücke zu finden, vor dem man schon in der muttersprachlichen Theaterarbeit steht, verschärft sich bei der Suche nach fremdsprachlichen Spieltexten. Schulbuchverlage bieten zwar zunehmend kleine Reihen von *playlets* an, aber gerade bei Sprachlernanfängern ist es weiterhin sehr schwer, Texte zu finden, die genau dem Lernstand entsprechen. Und was tun, wenn man gar Spielwillige aus verschiedenen Klassen, also mit unterschiedlichem Sprachniveau in einer Gruppe hat?
Es soll deshalb hier gar nicht auf das Erarbeiten fertiger Spielvorlagen eingegangen werden. Dafür aber seien zwei erprobte Möglichkeiten eines Auswegs aus den genannten Schwierigkeiten aufgezeigt.
Wenn dies in der Zeitform des Präteritums und gebunden an die Bedingungen tatsächlicher Schülergruppen erfolgt, so soll dies verdeutlichen, daß es sich um Erfahrungsberichte handelt. Das erscheint realer als das Formulieren von Rezepten im Stil von »Man nehme fünf Schüler/innen aus Klasse X...« Diese Erfahrungsberichte sind jedoch als Modelle gedacht, die man so oder mehr oder weniger abgewandelt auf eine eigene Schülergruppe, ein anderes zugrundeliegendes Lehrbuch oder andere schulische und unterrichtliche Bedingungen anwenden kann.

Uncle Henry – Umgestaltung und Ausbau eines Lehrwerktextes zum Theaterstück[32])

Wie oft muß man als Englischlehrer/in mit Lehrbuchtexten arbeiten, die ein hohes Maß an unnatürlicher Konstruiertheit aufweisen, um eine bestimmte einzuführende oder gerade erarbeitete Struktur besonders häufig darzubieten? Texte dieser Art sollen als »Bonbon« zur »Versüßung« des grammatischen Pensums fungieren, können aber auch auf die Schüler und Schülerinnen, für die zunächst einmal die inhaltliche Dimension entscheidend und motivierend ist, recht irritierend wirken.

In dem hier beschriebenen Projekt geht es um die Auseinandersetzung einer Arbeitsgemeinschaft der Klasse 6 mit der Geschichte des *Uncle Henry* (*Unit* 1, *Step* 5) des Lehrwerkes *Learning English/ Modern Course 2*[33]) – eine kreativ-produktive Auseinandersetzung, die in ähnlicher Form mit einer Vielzahl anderer Lehrbuchtexte erfolgen könnte.

Ausgangssituation und Textgrundlage

Der Text *Uncle Henry* bildet den Abschluß einer *Unit*, in der zu Beginn des zweiten Lernjahrs vorwiegend die germanische Steigerung eingeführt wird. Entsprechend der Lehrbuchkonzeption bringen diese Abschlußtexte die eingeführte Lexik und die erarbeiteten Strukturen der vorausgehenden *Steps* in einem neuen Kontext (Transfersituation) und beinhalten nur wenig neues Vokabular. Die stofflich geringeren Anforderungen in diesem *Unit*-Teil führen offenbar häufig zu einem gewissen »Aufatmen« der Schüler und Schülerinnen und oft auch zu höherer Motivation, zumal wenn die Texte mit audio-visuellen Materialien eingeführt werden oder aber im Anschluß an die Einführung eine kleine szenische Umsetzung mit einfachen Mitteln erfolgt:

Die Familie Stewart (Mr und Mrs Stewart und ihr Sohn David) in London erhält einen Anruf von einem »Uncle Henry“ aus New York, der gerne einmal wieder *»dear old England«* besuchen und für etwa eine Woche bei den Stewarts unterkommen möchte.

Ohne Zögern sagt Mr Stewart zu, obwohl sich im Gespräch mit seiner Frau herausstellt, daß sie über »Uncle Henry« eigentlich gar nichts wissen. Nach bekanntem Klischee halten sie ihn für sehr reich und hoffen, er könne ihnen Geld für ein neues Auto leihen.

Der Besuch Henrys bringt allerlei Überraschungen: er hat angeblich die Geschenke auf dem Flughafen in New York vergessen, muß sich von Mr Stewart Geld leihen, um die Rechnung im Restaurant zu bezahlen und »borgt« sich schließlich Geld für das Rückflugticket, da er dieses »verloren« hat. Dennoch bleibt zumindest Mr Stewart am Schluß so naiv zu sagen: »*Never mind. He's going to send the money back when he arrives in New York.*« Man erfährt schließlich noch, daß sich Henry nach dem Abschied von den Stewarts von der nächsten Telefonzelle aus mit der bewährten Lüge bei seiner »Kusine« Margaret in Newcastle anmeldet.

Kurz zuvor hatte die Verfasserin mit etwa zehn Mädchen und Jungen dieser Klasse eine Arbeitsgemeinschaft »*Playing Games and Acting in English*« eingerichtet, deren Ziel der ungezwungene Umgang mit der Fremdsprache im außerunterrichtlichen Bereich und ohne Notendruck war. Es wurden gemeinsam englische (Lern-)Spiele gespielt, in selbstbestimmten Rollenspielen bewegte man sich ungezwungen vom Nonverbalen über das Deutsche zum Englischen (manchmal mit Redemittelvorgabe) und erarbeitete auch einmal vorgegebene kurze Szenen.

Während die relativ konzentrierte Häufung von germanisch gesteigerten Adjektiven in dieser Geschichte, einem Mischtext aus narrativen Passagen und Dialogen, kaum störend wirkt, ja teilweise gut in die Situation (aufschneidender amerikanischer Onkel) paßt, ereiferten sich die Schüler und Schülerinnen in einer anfangs englischen, bald aber realistischerweise ins Deutsche übergleitenden Diskussion über ihren Realitätsgehalt. Wie können die Stewarts einen fremden Mann ohne Zögern bei sich aufnehmen? Wie können sie so naiv sein zu glauben, er werde ihnen Geld leihen usw.? Diese Diskussion, in der sich die Lernenden ansatzweise im kritischen Umgang mit Texten übten, bildete zunächst den Abschluß der *Unit* im Unterricht.

Als der Wunsch nach einem »richtigen« Theaterstück laut wurde, fanden die Jugendlichen eine Lösung zur Umgehung der sprachlichen Probleme bei vorgefertigten Stücken. Gemeinsam wurde beschlossen, die aus dem Unterricht bekannte *Uncle-Henry*-Geschichte umzuschreiben und umzubauen.

Der Projektablauf

Die gemeinsame Gestaltung der Spielvorlage in der Arbeitsgemeinschaft vollzog sich in mehreren Schritten.
Arbeitsschritt 1: Zunächst wurde mit unterschiedlicher Besetzung die Lehrbuchversion mehrmals gespielt, indem jeweils ein Erzähler oder eine Erzählerin die narrativen Segmente zwischen den einzelnen Dialogen vorlas. Es ergab sich eine Aufteilung von acht Szenen. Die Schüler und Schülerinnen sprachen ihre Dialoge im Wortlaut der Lehrbuchvorlage, so daß sich dabei schon die zu kritisierenden bzw. unglaubwürdigen Stellen herauskristallisierten und Modifikationsideen heranreiften.

Arbeitsschritt 2: Die Modifikationsideen wurden organisiert: Die AG-Mitglieder bekamen Blätter, auf die mit einem farbigen Stift oben links die Zahl des Abschnittes vermerkt wurde, auf den sich die Kritik bzw. die Änderungs- und Erweiterungsvorschläge beziehen sollten. Ein Blatt durfte jeweils nur für einen Abschnitt verwandt werden, um nachher das Zusammenstellen zu erleichtern. Für Gedanken zum Gesamtrahmen des zu schreibenden Stückes galt das Stichwort *situation.*

Arbeitsschritt 3: Nach einer chronologischen Zusammenstellung der eingesammelten Blätter wurde Abschnitt für Abschnitt durchgesprochen, wobei von der Lehrperson Protokoll geführt wurde, um die Vorschläge, auf die sich die Gruppe dann einigte, festzuhalten. Dieses Verfahren hatte den großen Vorteil, daß durch die schriftliche (anonyme!) Art alle Beteiligten, auch die schwächeren und zurückhaltenderen, ihre Ideen artikulieren konnten. Wurden dann Vorschläge von der Gesamtgruppe verworfen, so blieb anonym, wer sie eingebracht hatte.

Die Gesamtkonzeption sollte eine reale Klassensituation bilden als Rahmen für ein Stück, in dem eine von den Schülern modifizierte Lehrbuchgeschichte der Originalversion gegenübergestellt wird. Das neue Stück sollte den Titel »*Uncle Henry – A Class Modifies and Acts a Textbook Story*« erhalten.

Arbeitsschritt 4: Es wäre wohl illusorisch zu glauben, daß sich diese Diskussion mit Sechstkläßlern in der Fremdsprache führen ließe. Während also das Medium die Muttersprache war, stellte sich doch immerhin das Diskussionsobjekt in der Fremdsprache dar, ja war das Objekt die Fremdsprache selbst, wie im folgenden deutlich wird. Die Protokolle aus *Arbeitsschritt 3* wurden je zwei Schülern bzw. Schülerinnen zur konkreten sprachlichen Ausgestaltung einer Szene gegeben. Diese arbeitsteilige Partnerarbeit führte zu einem besonders engagierten Verantwortungsbewußtsein der einzelnen für das gemeinsame Vorhaben, da immer zwei AG-Mitglieder, mehr oder weniger stark durch die Lehrperson unterstützt, an einem Teilstück für das Ganze arbeiteten.

Arbeitsschritt 5: Der Lehrperson fiel auch das endgültige sprachliche Ausfeilen der Szenen zu, und schließlich wurde das »Gesamtwerk« der ganzen Gruppe in einem ersten Rollenlesen vorgestellt und von ihr für das Vervielfältigen »genehmigt«.

Das Skript liegt vor

Die Gesamtkonzeption des Stückes wird durch die hier abgedruckte erste Seite der Spielvorlage deutlich:

Uncle Henry – A Class Modifies a Textbook Story

I. *Classroom*

Teacher: Good morning, boys and girls. Please open your books at page 22. Let's read a new story!
O.K. ...?!

II. *Original Story*

(The pupils in class take turns in reading the narrative passages of the story whereas the dialogues are acted on stage.)

III. *Discussion in class*

Teacher: Well, ... what do you think about the story?
Pupil 1 (spontaneous): It's good!
Pupil 2: But I don't think it would have happened like that.
Pupil 3 (shouts without being asked): Ja, das ist doof!
Teacher: In English, please!
Pupil 3: It's ... ehm ...
Pupil 1 (whispers) Stupid!
Pupil 3: Yes, I think it's stupid. The Stewarts believe everything.
Pupil 4: Yes, they hardly know him and they don't ... ehm ... »zögern« ...
Teacher: Hesitate.
Pupil 4: Yes, and they don't hesitate at all to welcome him.
Pupil 2: Mrs Stewart still believes in »Märchen« ...
Teacher: Fairy-tales
Pupil 2: ... because she thinks the *rich* uncle from America will pay for their new car.
Pupil 3 (wise): The whole story is not very realistic.
Pupil 1: Can't we play the story the way *we* think it would have happened?
Pupil 2: Oh yes, that's a great idea!
The others: Oh yes, please!
(Pupils hurry onto the stage while those who have just been acting the original story return to the »classroom«.)

An die Segmente *Classroom, Original story* und *Discussion in class* schließt sich der längste Teil, *Modified version,* an. Dieser läßt sich nicht in voller Länge wiedergeben. Es sollen jedoch einige inhaltliche Veränderungen herausgegriffen werden. Dazu wird eine Szene exemplarisch der *Original story* gegenübergestellt.

Mr Stewarts Zögern aufgrund des Anrufs von »*Uncle*« Henry wird viel stärker ausgeführt. Die Frage, ob es richtig war, seinem Besuch zuzustimmen, führt zu einem Streitgespräch in der Familie, in welchem Mrs Stewart ihrem Mann Vorwürfe macht und statt ihrer (wie im Original) David die naive Position eines »*I have an uncle in America*« (spontan gesungen auf die Melodie von »America« aus der *West Side Story*) einnimmt, damit aber auf die sehr kritische Haltung seiner beiden (dazuerfundenen) Schwestern stößt. Die folgenden Begegnungen und Erlebnisse mit dem »Onkel« werden nun mit entsprechenden »*Didn't we tell you*« und *triumphant looks* der Schwestern, *angry looks* des Vaters, der die Restaurantrechnung bezahlen muß, und einem allmählich skeptischer werdenden David begleitet. Bei einer Sightseeingtour (Hilfsmittel: Projektion von London-Dias) sehen David und seine Schwestern bestätigt, daß es sich bei Henry um einen Betrüger handelt. Sie belauschen sein Telefongespräch, in dem er sich bei »*Aunt*« Margaret mit derselben Lüge einlädt, wie er es bei den Stewarts getan hat. Nun folgen das Einweihen der Eltern in diese Erkenntnis, der Anruf des Vaters bei »*Aunt*« Margaret und schließlich deren Rückruf, als Henry noch unterwegs zu ihr ist: »*Listen, I just wanted to tell you, that I called the police and they suspect Henry to be the fraud they have been searching since Christmas. Henry hasn't arrived yet, but he'll be here soon. I've got three policemen here to help me welcome him.*«

Hier eine kurze Gegenüberstellung aus Original und Schülerbearbeitung. Zunächst das Original:

Mr Stewart hurries into the kitchen, where *Mrs Stewart* is getting supper ready.

Mr Stewart: Listen, dear. Uncle Henry's going to visit us. He's going to arrive from New York on Saturday morning.

Mrs Stewart: Uncle Henry? Isn't he Aunt Margaret's cousin? You know, Aunt Margaret in Newcastle. And doesn't he live in Manchester?

Mr Stewart: No, he doesn't. He says he's living in New York now, and he wants to visit dear old England again. He must be very rich.

Mrs Stewart: Perhaps he can lend us some money for a new car.

Die entsprechende Szene der Textbearbeitung sieht folgendermaßen aus:

(*Mrs Stewart* and *David* are in the kitchen; *David* is playing with his matchbox cars; *Mrs Stewart* is getting supper ready, *Mr Stewart, Jean* and *Allison* enter)

Mr Stewart: Listen, dear! Uncle Henry called. He's going to visit us. He's going to arrive from New York on Saturday morning.

Mrs Stewart (puzzled): Uncle Henry?

Mr Stewart (embarrassed, confused): Yes, ... well ... Don't *you* know him? I don't know him. You have so many relatives everywhere in the world. I couldn't say »I don't know you!«, could I?

Mrs Stewart (angry, furious): Oh yes, you could have said »I don't know you«!!! You can't invite a strange man to our house without knowing him ... and without asking *me* first!!!

David (believes the story; excited; enthusiastic): Did he really call from New York in America? I bet he's awfully rich. Perhaps he can buy ... a new car for us.

Allison: And I bet he's a fraud. I don't want him here!

David (jumping around and singing): I have an uncle in America! ... I have an uncle in America! ... (tune: »America« from *West Side Story;* perhaps: play-back)

Jean: Oh, shut up! Your're a baby! You believe everything you are told, don't you? (parents are helpless; sit down)

Mrs Stewart (suddenly remembers something; jumps up): Just a moment! Let me think! ... Doesn't *your* Aunt Margaret have a cousin whose name is Henry?

Mr Stewart (hesitates): ... Yes ..., I think so. But doesn't he live in Manchester?

David (»wise«): Perhaps he emigrated to America years ago and became very rich.

Jean: Let's call Aunt Margaret and ask her!

Mrs Stewart: Yes, let's do that!

Mr Stewart (determined): No, we won't!!! I lost touch with Aunt Margaret years ago, and now we can't just call her and ask her whether her cousin Henry might be a fraud!

Mrs Stewart and *Jean:* But ...

Mr Stewart: Stop it now! Let's welcome him and see ...! Perhaps David is right. Perhaps he really got very rich. And it isn't bad to have a rich uncle in America, is it?

Mrs Stewart (resigns): You still believe in fairy-tales, don't you? And besides, where are we going to put him up?

David (excited): He can sleep in my room, and I'll move to the girls' and sleep on a mattress.

Jean (being ironic): You are very welcome!

Mr Stewart (to his wife): You see, it's no problem at all.

Mrs Stewart: Are you going to pick him up at the airport?

David: Oh yes, I want to go with you!

Mr Stewart (embarrassed): Well, ... no, I'm not ... The line was disconnected when I asked him whether we could pick him up.

Mrs Stewart: Strange!

Allison: I think we should really be careful about this visitor!

Gegen Ende, als die neue Version bereits von der des Lehrbuches abweicht, berichten die Stewart-Kinder ihren Eltern von ihrer erkenntnisreichen Sightseeingtour mit »*Uncle*« Henry:

(*Uncle Henry* leaves the living-room and the children – in pyjamas – rush in)

Mrs Stewart (astonished): What are *you* doing here? You will catch a cold!

Children: Shhhhhhh...!!!

David: We've got to tell you something very important.

Allison: Yes, and we couldn't tell you earlier.

David: Jean and Allison were right. Henry *is* a fraud!!!

Mr Stewart (surprised): But how do you know?

Jean: This afternoon he sent us to eat ice-cream while he was going to make a phone call.

Allison (excited): But we hid behind the telephone box and listened, ...

David (excited): Yes, and he rang up Aunt Margaret...

Jean: ... and said he was calling from New York and he wanted to visit »dear old England« for a week.

David (feeling very important): But he didn't call from New York. He called from London!!!

Allison (being ironic): Clever boy!

Mrs Stewart (triumphant): I *knew* he was a fraud!!!

Mr Stewart: And now I understand why he didn't want us to pick him up from the airport. He simply came from Manchester or some other place in England.

Jean: You *must* call Aunt Margaret now!

Mr Stewart (furious): Oh yes, I will!!! I will call her as soon as our »dear« visitor will have left.

Jean: Shhhhhh!

Mrs Stewart (whispers): And listen, folks! Henry mustn't notice that we know all about him. Let's pretend that nothing happened.

Rollenzuweisung, Proben und Requisiten

Das Verteilen der Rollen war unproblematisch, da sie bereits bei der Erstellung des Stückes auf die jeweils interessierten Schüler und Schülerinnen wie auch auf die Zahl der Mitwirkenden zugeschnitten wurden. Aus diesem Grund bekam David z.B.

zwei Schwestern, die sich selbst ihre Namen aussuchten und in identifikatorischer Weise auch stark bei der Gestaltung ihrer Rollen beteiligt waren.

Nun konnte mit den Proben auf der Schulbühne begonnen werden. Vor der Schulbühne wurde seitlich der gespielte Klassenraum plaziert. Aufgrund der großen Motivation und Lernbereitschaft erübrigte es sich weitgehend, ein Pensum zum Auswendiglernen festzulegen. Alle waren sehr engagiert bei der Sache, überlegten sich vielfach eigenständig, wie die Textaussagen durch die Darstellungsweise unterstützt bzw. transparent gemacht werden konnten und waren bemüht, über ihre Identifikation mit den Rollen diesen persönlichen Ausdruck zu verleihen.

Nachdem die AG ihrer Klasse im Englischunterricht eine kurze Einführung in Inhalt und neue Lexik ihres Stückes gegeben hatte, wurde es dieser am letzten Tag vor den Sommerferien in schon relativ weit fortgeschrittenem Zustand und mit wenigen einfachen Requisiten vorgeführt. Die zuschauenden Mitschüler und Mitschülerinnen waren äußerst aufmerksam, zeigten sich beeindruckt, und mehrere erklärten sich spontan bereit, bei der für den Tag des Schulfestes geplanten Aufführung hilfreich bei Bühne, Beleuchtung, Vorhang usw. mitzuwirken.

Für den Transfer dieser Stückkonzeption auf andere Lehrbuchtexte mag es von Bedeutung sein, daß ein Stück, das aus einer gespielten Klassenraumsituation hervorgeht, realistischerweise einen großen Aufwand an Kostümen, Requisiten und Bühnenbild verbietet. Schließlich »springen« die Schüler im Stück von ihren Plätzen im Klassenraum auf und »verwandeln« sich auf der Bühne in die originalen bzw. modifizierten Lehrbuchfiguren. Als dramaturgischen Trick begaben sich die Darstellerinnen und

Darsteller der Originalstory, nachdem sie »fertig« waren, auf die Plätze ihrer Mitschülerinnen und Mitschüler, die nun auf die Bühne gingen, und übergaben diesen typische Kleidungsstücke und Requisiten (David: T-Shirt und Schirmmütze; Mr Stewart: Pfeife und Zeitung; Henry: Jackett und Koffer; Mrs Stewart: Schürze), die sie als die Lehrbuchfiguren kennzeichneten und nun die Gegenüberstellung besonders deutlich werden ließen.

Mögliche alternative Vorgehensweisen

Sicher haben die Ausführungen bereits Ideen für alternative Vorgehensweisen initiiert, die hier mangels Kenntnis der jeweils anderen spezifischen Rahmenbedingungen kaum darzulegen sind. Je nach Schul- und Unterrichtsgegebenheiten könnten die Ideen für die Erstellung eines Skripts stärker aus der Klasse heraus kommen, bzw. ließe sich das ganze Stück von der Klasse erarbeiten und dann nur für die szenische Umsetzung bei der AG »in Auftrag« geben.

Die Rahmensituation *»A Class modifies a textbook story«* läßt sich auf vermutlich jeden beliebigen Lehrbuchtext anwenden, aber sicher möchte man nicht mit derselben Gruppe mehrfach denselben Weg beschreiten. Andere Möglichkeiten der »Einbettung« der veränderten Lehrbuchfassung wären:

- Das Original wird im »Programmheft« abgedruckt.
- Ein Schüler oder eine Schülerin erläutert dem Publikum den Kontext und die Entstehungssituation.
- Es wird eine Unterrichtssituation dargestellt, in der die Geschichte vorgelesen wird. Allmählich werden – bei eingespielter leiser Musik und dem langsamen Ausblenden des

Lichtes – die Stimmen immer leiser, bis sie ganz verstummen. Plötzlich wird das volle Licht auf die Bühne gerichtet, auf der nun das veränderte Stück beginnt, während einige Schüler und Schülerinnen, mit ihren Köpfen auf die Schultische geneigt (Traum), weiterhin im Halbdunkel als Klasse sitzen bleiben.

- Textfragmente oder Abschnittsüberschriften des Originaltextes werden als Gegenüberstellung zur veränderten Fassung durch Dia oder Tageslichtprojektor jeweils zwischendurch auf die Bühne projiziert.

A Revue of English Songs, Sketches and Dances – Ein Projekt im Rahmen der Projektwoche einer Schule

Immer mehr setzt es sich an unseren Schulen durch, einmal jährlich eine sogenannte Projektwoche durchzuführen. Damit wird Lernenden und Lehrenden die Gelegenheit geboten, weder durch Gong noch durch ständigen Fächer-, ja sogar Lerngruppenwechsel unterbrochen, eine Woche lang gemeinsam an einem Projekt bzw. Thema der eigenen Wahl zu arbeiten und meist auch eine irgendwie geartete Präsentation (bei einem Schulfest o. ä.) anzustreben. Diese günstigen Bedingungen haben ein hohes Maß an Motivation zur Folge. In den meisten Schulen ist es aus verständlichen Gründen auch üblich, die Wahl eines Projektes für mehrere Jahrgänge offenzuhalten. So verhielt es sich auch bei dem hier beschriebenen Beispiel. Da es den Jahrgängen 5 bis 8 aller Schulzweige offen stand, war abzusehen, daß sich kein fertiges Stück für eine derart heterogene Gruppe finden ließe.

Dieses Problem wurde aber bereits in der Konzeption des Projekts berücksichtigt. Ideal für jegliche Differenzierung ist eine

Revue. Nun hätten sicher einzelne vorgefertigte Sketche unterschiedlichen Sprachniveaus aneinandergefügt werden können. Um aber zu einem ganzheitlichen »Produkt« zu kommen, wurde das Rahmenthema »*A Pupil's Life in our Town*« gewählt, zu dem einzelne Kleingruppen selbst Sketche entwickeln sollten. Bei dieser thematischen Ausrichtung konnte zudem ein weiteres reales Ziel angestrebt werden, nämlich eine zu erstellende Videoaufnahme der Revue als sogenannten *video-letter* an die englische Partnerschule zu senden.

Projektablauf

Nachdem so das Rahmenthema festgelegt war, wurden in einer Art *brain-storming* Ideen für Sketche gesammelt, die dem Ziel entsprachen, das Leben eines Schülers oder einer Schülerin am Schulort vorzustellen. Diese Ideen wurden anschließend in eine sinnvolle Reihenfolge gebracht und zur Skripterstellung an einzelne Kleingruppen verteilt. Ganz von allein bzw. aufgrund der bestehenden sozialen Beziehungen fanden sich homogene, d.h. jeweils nur aus Schülern und Schülerinnen eines Jahrgangs bestehende Gruppen zusammen. Damit war gewährleistet, daß jede Gruppe ihrem Kenntnisstand entsprechend in der Fremdsprache arbeiten konnte.

Die Gruppen durften ihre Sketche in Deutsch schreiben, sollten aber bereits *as much English as possible* verwenden.
Im nächsten Schritt wurden die Sketche provisorisch – je nach Sprachkompetenz in Deutsch, einer Deutsch-Englisch-Mischung oder Englisch – der Gesamtgruppe vorgestellt, um Änderungsvorschläge bzw. die Zustimmung einzuholen, denn schließlich sollte alles aufeinander abgestimmt sein und ein

»Gesamtwerk« der ganzen Projektgruppe dabei herauskommen. Nun galt es, alle Sketche in eine möglichst authentische englische Fassung zu bringen. Hier waren die Lehrkräfte besonders stark gefordert, aber auch die älteren Gruppenmitglieder hatten schon bedeutende Vorarbeiten bei ihren eigenen Texten wie bei denen der jüngeren geleistet.

Anschließend wurden die so entstandenen Endfassungen mit den jeweiligen Spielern und Spielerinnen der einzelnen Sketche ausführlich besprochen und in Leseproben vor allem die Ausspracheprobleme geklärt.

Die Jugendlichen hatten in ihren Gruppen bei der Skripterstellung die Hauptrollen auf sich selbst zugeschnitten, was über die Identifikation zu erhöhter Motivation führte. Für hin und wieder noch zusätzlich benötigte Nebenrollen wurden Mitwirkende aus anderen Teilgruppen »angeworben«.

Nun konnte mit der eigentlichen Probenarbeit begonnen werden. Zunächst geschah dies ebenfalls arbeitsteilig. In verschiedenen Bereichen der zur Verfügung stehenden Räume entstand eine turbulente Geschäftigkeit aus Proben, dem Zusammenstellen von Requisiten u. a. Selbstverständlich guckte und kommentierte man auch einmal bei der Nachbargruppe und holte sich umgekehrt Publikum herbei, um ein erstes *feed-back* zu erhalten.

Die Arbeitsteilung ermöglichte auch eine Beratung von Seiten der Lehrkräfte, die den unterschiedlichen Fähigkeiten der einzelnen Teilgruppen gerecht wurde. Diese konnten sich den Sprachlernanfängern bzw. den schwächeren Schülern und Schülerinnen so vermehrt widmen und die Selbständigkeit der Fortgeschrittenen fördern. Bei den »Durchlaufproben« lernten dann alle über das Situative auch viel von den Sketchen der anderen Teilgruppen. Während der arbeitsteiligen Projektphasen hatten es auch einige Jugendliche übernommen, zu bekannten Melodien neue, zum Thema unserer Revue passende Texte zu dichten. So wurde aus dem Spiritual »*Michael rows the boat ashore*« »*Monday comes, the school begins ... let us learn now ...*« etc. »*What shall we do with the drunken sailor*« veränderte sich in »*What shall we do with all our teachers?*«

Der Lerneffekt eines derartigen Experimentierens mit der Fremdsprache, bei dem Wörter und *phrases*, die auf den Rhythmus passen, gefunden werden müssen, liegt auf der Hand, ebenso wie das gemeinsame Singen als große Hilfe beim Einschleifen der fremden Aussprache.

Schließlich bleibt noch zu erwähnen, daß wir jeden Projekttag mit einer gemeinsamen *warming-up*-Phase begannen, bestehend aus Bewegungs-, Sprech-, Pantomime- und Improvisationsübungen (vgl. S. 159). Das war besonders an den stärker arbeitsteilig ausgerichteten Tagen wichtig. Da der eigentlich nur zu diesem *warming-up*-Zweck eingeführte *Hokey-Cokey*-Tanz auf große Zustimmung traf, wurde dieser und ein weiterer Tanz spontan in das Revue-Programm aufgenommen und der Titel des Projekts um »*dances*« erweitert. Bei der Aufführung löste das Einbeziehen der Zuschauer in den *Hokey-Cokey-Tanz* wahre Begeisterungsstürme aus.

Gerade die Kombination vieler musischer Bereiche (Spiel, Gesang, Tanz) hat dazu beigetragen, das Projekt in lebendiger Erinnerung zu behalten bzw. der Fremdsprache künftig mit affektiver Offenheit zu begegnen.

Warming-up-Übungen

So wenig wie das muttersprachliche Theaterspiel kommt das fremdsprachliche ohne Vorübung aus. Je nach Konzeption einer Arbeitsgemeinschaft oder eines Projekts stehen diese Übungen als Block am Anfang überhaupt, oder – und das suggeriert der Begriff *warming up* – sie dienen dem Warmwerden am Anfang jedes Zusammenkommens, jedes Projekttages oder jeder Probe. Diese Übungen bzw. Spiele können nonverbal, in Deutsch, in Englisch oder gar in einer Mischung beider Sprachen ablaufen. Günstig wäre mit zunehmender »Aufwärmung« eine Orientierung hin zum Englischen als anzustrebendem Medium im Theaterspiel.

Wichtig ist, daß bei dieser spielerischen Hinführung zum *acting* nicht die freie Entfaltung spielerischer Kräfte durch zu hohe Anforderungen an den Gebrauch der Fremdsprache behindert wird.

Aber warum sollte man nicht

- bei einer Bewegungsübung die *commands* (evtl. mit Musik) in Englisch geben (»*Clap your hands! Sit on the floor! Shake hands! Do what ... does!*« *etc.*),
- *als magician* die Zauberkünste in Englisch ausdrücken (»*I can turn you into: aeroplanes, horses, ballet-dancers, flowers, teachers, dogs ...*«),
- bei einer Sprechübung im Kreis herum in allen möglichen Stimmlagen und Stimmungen »*You silly brown cow*« sagen lassen,
- sich in einer Vorstellungsrunde, in der ein »Krokodil« herumgegeben wird, auf Englisch vorstellen (A: »*My name is ... and this is the crocodile.*« B: »*I've got this crocodile from ..., my name is ... and this is the crocodile*« etc.)?

Es würde den Rahmen dieses Arbeitsbuches sprengen, wenn hier eine vollständige und systematische Zusammenstellung aller möglichen *warming up*-Aktivitäten angestrebt würde. Inzwischen sind zahlreiche Publikationen über Spiele im Englischunterricht erschienen. Darin finden sich neben reinen unterrichtlichen Spracherwerbsspielen auch solche, die für die eben genannten Zwecke verwendet werden können. Auch lassen sich Übungen, wie sie hier im ersten Teil des Arbeitsbuches beschrieben werden (s. S. 23ff.), für das *warming up* sozusagen »verenglischen«.

4. Besondere methodische Möglichkeiten der beschriebenen Projekte und deren Vorzüge für den Fremdsprachenerwerb

Während schon die Beschreibung der durchgeführten Aktivitäten naturgemäß die Methodik akzentuierte, sollen im folgenden solche methodischen Möglichkeiten herausgestellt werden, die Projekte dieser Art für den Fremdsprachenerwerb so wertvoll machen.

Der Aspekt des Sprachlich-Kommunikativen

Der Wert des Einschleifens von Aussprache, Lexik und Struktur durch das Auswendiglernen von fremdsprachlicher Alltagssprache und vor allem durch die kontextbetonte gestisch-mimische Realisation dürfte unumstritten sein. Gerade auch idiomatische Wendungen eignen sich die Lernenden in kleinen sprachlichen Modellsituationen an. Das Einüben der Syntax führt zu einer bald zu beobachtenden größeren Sensibilität gegenüber fremdsprachlichen Strukturen, und bei der Einführung neuen Vokabulars im Englischunterricht kann dann immer wieder die Bemerkung »Das Wort kennen wir schon aus dem Projekt« aufkommen und auf eine englische Erklärung oder gar gestische Illustration durch die Projektmitglieder zurückgegriffen werden.

Bewußt wurden in die selbst geschaffenen Spielvorlagen allerlei Regieanweisungen in Englisch mit aufgenommen, um deren Bedeutung durch die Umsetzung auf der Bühne sozusagen erspielen und damit erfassen zu lassen, also eine Art *learning by doing* bzw. genauer *learning by acting.*

Das auf diese Art Erlernte hat sicher mehr Bestand als z.B. das Vokabellernen am Schreibtisch mit Vokabellisten aus dem Lehrbuch. In den Proben für das *Uncle Henry*-Projekt wurde für jeden Spieler und jede Spielerin ein gesondertes Blatt bereitgehalten, auf dem individuelle Ausspracheschwierigkeiten notiert wurden. Diese wurden am Schluß jeder Probe mit jedem einzelnen besprochen, wobei sich alle Mitwirkenden spielend Lautschrift und Zeichen für Betonung aneigneten. Sie hefteten diese individuellen *pronunciation sheets* (Ausspracheblätter) zu ihren Skripts mit der Maßgabe, sie beim weiteren Auswendiglernen mit zu beherzigen. Zu Beginn der nächsten Probe wurden sie dann wieder abgegeben, um sie weiterführen bzw. bewältigte Schwierigkeiten sozusagen als erledigt »abhaken« zu können.
Wichtig ist aber auch der sprachliche Gewinn in dieser Phase der Texterstellung. Zunächst bestand bei dem *Uncle Henry*-Stück sprachliche Angemessenheit dadurch, daß der Originaltext sich genau mit dem sprachlichen Stand der Lernenden deckte, da er aus ihrem Lehrbuch entnommen wurde. Wenn sie nun in der

Erarbeitung der *modified version* über diesen Stand hinausgingen – und das gilt auch für das Schreiben der Sketche bei der Revue –, dabei aber Englisch einforderten, das noch alters- und situationsgerechter, also schülerorientierter als das Lehrbuchenglisch war, so wirkte das nicht aufgesetzt oder fremdbestimmt, sondern ließ sich aus ihren aktuellen Bedürfnissen ableiten, etwas so und nicht anders auszudrücken.

Zudem mußten immer wieder die wichtigen Fragen der Rollen- und Situationsangemessenheit von Stil und Sprachebene erörtert werden.

Möglichkeiten innerer Differenzierung

Die szenische Gegenüberstellung eines Lehrbuchtextes mit einer erweiterten und geänderten Fassung bietet eine ganz spezifische Differenzierungsform. Das in das Lehrbuch eingebundene Originalstück ist durch seine Stilisierung automatisch kürzer und sprachlich einfacher als die geänderte Version. Es liegt nahe, hier die Begriffe Fundamentum und Additum zu verwenden. In der AG zeigte sich bald, daß sich die als relativ schwach eingeschätzten vier Teilnehmer, für die Originalrollen interessierten, vielleicht weil abzusehen war, daß diese die kürzeren Rollen sein würden. So ließen sich die »Additum-Rollen« leicht auf die leistungsstärkeren AG-Mitglieder verteilen bzw. zuschneiden. Diese Art des Rollenverteilens überfordert die schwächeren Schüler nicht nur nicht, sondern ermöglicht eine zusätzliche intensive Beschäftigung mit lexikalischen und strukturellen Pensen aus dem Unterricht, und zwar im Spielerischen und ohne Notendruck.

Psychologisch wichtig ist dabei auch die Tatsache, daß diese Zuordnung für die Schwächeren mit keinem Makel behaftet war, denn wenn auch ihre Rollen kürzer waren, so gab es bei dieser Stückkonzeption doch keine Haupt- und Nebenrollen, sondern nur *Henry I* und *Henry II*, *Mr Stewart I* und *Mr Stewart II* usw. Hinzu kommt der auch bei anderen Stücken bzw. bei der Revue gegebene gruppendynamische Wert des Theaterspiels, das Gefühl, daß jede einzelne Rolle zum Gelingen des Ganzen notwendig ist.

Mit organisatorischen Gründen ließen sich auch gut Einzelproben rechtfertigen, mal nur *Original story*, mal nur *Modified version*, so daß in der nun recht homogenen Fundamentumgruppe ganz gezielte, sozusagen kompensatorische Spracharbeit geleistet werden konnte. Bei Gesamtproben erhielt die *Original story*-Gruppe während des Spiels der anderen Gruppe sinnvolle Aufgaben wie »*Sit in the back and shout ›stop‹ when they don't speak loud enough!*« oder Funktionen wie Souffleur, Bühnenassistent u. a., die ihr zusätzliche sprachliche Erfolge vermittelten. Ein daraus gestärktes Selbstbewußtsein gerade dieser Gruppe war bald auch im Unterricht z. B. an ihrer vermehrten mündlichen Mitarbeit, spürbar.

5. Englisches Theater

Wie eingangs dargelegt, sollen Auswahl und Inszenierung fremdsprachlicher Dramen hier unberücksichtigt bleiben, unterscheiden sie sich doch nur wenig von der entsprechenden deutschsprachigen Theaterarbeit. Hier wird auf das Kapitel »Gestaltung eines vorgegebenen Textes« in diesem Arbeitsbuch (s. S. 110ff.) hingewiesen.

Im übrigen dürfte einiges, was zum »Aspekt des Sprachlich-Kommunikativen« in Abschnitt 4 gesagt wurde (s. S. 160), ebenso auf das anspruchsvollere fremdsprachliche Schultheater anwendbar sein. So bietet gewiß die dort beschriebene Methode des individuellen und ständig aktualisierten Aussprachekorrekturblattes auch auf höherem Niveau eine gute Möglichkeit, der besonderen sprachlichen Situation des Fremdsprachentheaters gerecht zu werden.

Stichwortverzeichnis

Quellen- und Literaturverzeichnis

1) Text und Melodie dieses »Zungenbrechers« sind mündlich überliefert.

2) Spielt mit! Herausgegeben von »Spielt mit«, Arbeitskreis zur Förderung geselliger Spiele e. V. und Margarethe Cordes, Deutscher Theaterverlag, Weinheim/Bergstraße o.J.

3) nach Walter Meyer und Günter Seidel: Szene – Spielen und Darstellen II und: Begleitband für den Spielleiter, Verlag Erziehung und Wissenschaft, Hamburg 1978

4) Grete Nissen: Mimen und Dramatisieren, Deutscher Theaterverlag, Weinheim/Bergstraße o.J.

5) Paul Leonhardt und Konrad Helbig: Das Spielhandwerk, Deutscher Theaterverlag, Weinheim/Bergstraße o.J.

6) Josef Weinheber: Sämtliche Werke, Hoffmann & Campe Verlag, Hamburg 1953

7) Klaus Tiemann: Planspiele für die Schule, Hirschgraben-Verlag, Frankfurt/Main 1969

8) Wolfgang Hilligen/Walter Gagel/Ursula Buch: Sehen – Beurteilen – Handeln, Arbeitsbuch für den politischen Unterricht in der Sekundarstufe I, Hirschgraben-Verlag Frankfurt/Main 1976

9) Jupp Vlatten: Spielbare Kurzgeschichten, Don Bosco Verlag, München 1956

10) aus: Auch in Pajala stechen die Mücken, 22 deutsche Erzähler der Gegenwart, Stromfeld Verlag, Hamburg 1956

11) Jo Hanns Rösler hat diese Kurzgeschichte selbst dramatisiert: »Sekretärin gesucht«, Deutscher Theaterverlag, Weinheim/Bergstraße o.J.

12) aus Eugen Skasa-Weiß: Auch Deutsche lachen, Horst Erdmann Verlag, Tübingen und Basel 1969

13) aus Heinrich Böll: Werke, Romane und Erzählungen 2 (leicht gekürzt), Verlag Kiepenheuer & Witsch, Köln 1981

14) an Stelle des nicht näher bekannten Liedes »Gerechtigkeit auf Erden, o Herr, hat Dich getötet« könnte sinngemäß das hier aufgeführte alte Kirchenlied »Gerechter Gott, vor Dein Gericht« gesungen werden. Das muß dann aber auch bei der weiteren Erwähnung des Liedes berücksichtigt werden.

15) aus: Das große Brimbamborium, Mappe 7 der Werkblätter für Fest und Feier, Deutscher Theaterverlag, Weinheim/Bergstraße o.J.

16) Lou Hoefnagels: Handbuch des Maskenspiels, Don Bosco Verlag, München 1952

17) 1) Margarethe Cordes, Die Technik des Schattenspiels mit beweglichen Figuren;
2) Puppen und Figuren;
3) Handpuppenspiel – Schattenspiel; alle drei im Deutschen Theaterverlag, Weinheim/Bergstraße o.J.

18) Leseszenen und Lesespiele, herausgegeben von Karl Dorpus, Deutscher Theaterverlag, Weinheim/Bergstraße o.J.

19) aus: Der Eisbrecher, Fidula-Verlag, Boppard o.J.

20) aus: Der Kilometerstein, Voggenreiter Verlag, Bonn-Bad Godesberg 1951

21) Auch diese Kurzgeschichte hat Jo Hanns Rösler selbst dramatisiert: »Bürokratie«, Deutscher Theaterverlag Weinheim/Bergstraße o.J.

22) Paul Leonhardt: Handbuch des Darstellenden Spiels, Deutscher Theaterverlag, Weinheim/Bergstraße 1983

23) Karl Dorpus: Regie im Schul- und Jugendtheater, Deutscher Theaterverlag, Weinheim/Bergstraße 1970

24) Rudolf Mirbt: Von der eigenen Gebärde, Don Bosco Verlag, München 1954

25) Rudolf Otto Wiemer: Nur Mut zu den Musen, aus Kurt Finke und Kurt Gerhard Fischer: Das Handbuch der dörflichen Kulturarbeit, Band I, Deutscher Theaterverlag, Weinheim/Bergstraße o.J.

26) Paul Leonhardt: Kleine Kostümkunde, Deutscher Theaterverlag Weinheim/Bergstraße o.J.

27) H. und Y. Nadolny: Phantasievolles Schminken, Falken Verlag, Niedernhausen/Ts. 1988

28) Paul Leonhardt: Bühne und Beleuchtung, Deutscher Theaterverlag, Weinheim/Bergstraße o.J.

29) Ian Beck und Karen King: Oranges and Lemons – singing and dancing games, Oxford University Press, 1985 (dazu gibt es eine Tonkassette mit Liedern)

30) z.B. G. und V. Saftien: Come on – let's square dance, Cornelsen-Velhagen & Klasing, 1979

31) Aktuelle Themen sind auch in den vorbereiteten Rollenkarten von Michael Lynch (»It's your choice. Six role-playing exercises, Edward Arnold Publishers Ltd., London 1977) sowie in manchen ähnlichen Publikationen deutscher Schulbuchverlage enthalten.

32) Unter Verwendung des Aufsatzes der Verfasserin »Kreativ-produktiver Umgang mit einem Lehrbuchtext« in: PRAXIS des neusprachlichen Unterrichts, Heft 1/1988, Lampert Lensing, Dortmund

33) Learning English – Modern Course 2, Verlag Klett, Stuttgart 1975

Inhaltsverzeichnis

Kleinformen des Spiels (4 Doppelstunden)

Spiele aus dem Stegreif (6 Doppelstunden)

Das zweite Halbjahresvorhaben

Anhang

Weitere Fachbücher für darstellendes Spielen

PAUL LEONHARDT

Kleine Kostümkunde

Auch ohne Ausbildung zur Schneidermeisterin lassen sich optisch wirksame und doch praktische Kostüme mit vertretbarem Zeitaufwand herstellen! 48 Seiten, kartoniert, Best.-Nr. VF 723

PAUL LEONHARDT

Bühne und Beleuchtung

Die Anleitungen zur schöpferischen Gestaltung des Spielraums vereinen effektvolle Möglichkeiten mit einfachen Mitteln mit den unverzichtbaren Erfordernissen der Sicherheit. 48 Seiten, kartoniert, Best.-Nr. VF 724

ROLF HANISCH / RUDOLF GUDER

Darstellendes Spielen mit Kindern, Band 1

Die Arbeit mit dem Textspiel. 172 Seiten, kartoniert, Best.-Nr. VF 720

Darstellendes Spielen mit Kindern, Band 2

Die freie Spielarbeit in Grundschule und Kindergruppe. 208 Seiten, kartoniert, Best.-Nr. VF 815. Beide Bände wenden sich an Spielleiter mit Kindern im Grundschulalter. Die spielerischen und pädagogischen Funktionen und Aufgaben des Spielleiters werden ausführlich beschrieben.

KARL DORPUS

Regie im Schul- und Jugendtheater

Ein Studien- und Werkbuch zur Theatererziehung. 216 Seiten mit 63 Abbildungen, kartoniert. Voraussetzung für eine gelungene Aufführung ist das nötige Fachwissen des Spielleiters. Die Regie-Analysen von Karl Dorpus demonstrieren anschaulich, welchen Weg Spielleiter und Darsteller in der Praxis von der Stückwahl bis zur fertigen Aufführung gehen können.

RUDOLF GUDER

Das neue Feierbuch der Schule

2. unveränderte Auflage, 376 Seiten, mit festem Einband, Best.-Nr. VF 811. Kurze Texte berühmter Wissenschaftler, Dichter und Schriftsteller, als Gedicht oder in Prosa, für Feiern in Schule, Verein, großer Gesellschaft und kleiner Gemeinschaft. Beiträge von Heinrich Böll, Bertold Brecht, Günter Grass, James Krüss, Max Planck, Albert Schweitzer u. v. a. Übersichtliche Gliederung, gegenseitige Verweise, ausführliche Register (einschließlich Zusammenstellungsvorschlägen), handliches praxisgerechtes Format.

DEUTSCHER THEATERVERLAG WEINHEIM